삶 속의 상담
　　　상담 안의 삶

삶 속의 상담
상담 안의 삶

Life in Counseling, Counseling for Life

상담, 인문상담, 문학상담의 핵심과 실제

글 · 그림 **이혜성**

책머리에

    4차 산업혁명의 시대, 디지털 기술과 인공지능의 발전으로 상담 분야에도 큰 변화의 물결이 일고 있다. 온라인 상담이나 챗봇을 통한 상담 등의 새로운 기술이 등장하면서 전통적인 상담자의 역할이 디지털 기술이나 인공지능으로 대체될 가능성이 논의되고 있고 챗지피티(ChatGPT)가 상담자 역할을 하게 되면 전통적인 우리 상담자들은 어떻게 해야 하나 걱정이 된다. 그러나 나는 인공지능이 할 수 없는 인간만의 역할이 있다고 믿는다.
    인간만이 가지고 있는 인간의 특수성. 자기의 존재를 의심하고 존재의 의미를 탐색하는 열정, 자기 능력의 한계를 초월하려는 의욕, 자기만의 세계를 구축하려는 열망, 이런 것들을 나는 '나다운 나, 인간의 인간됨'을 지향하는 인간만의 꿈이라 생각하고 그 꿈을 도와주

는 것이 상담, 인문상담이라 생각한다.

　인간의 인간됨을 도와주는 인문상담, 그것을 철학적으로 문학적으로 도와주는 상담활동. 인간만이 할 수 있는 이런 고귀한 활동들을 생각하면서 인공지능 시대에서의 인간의 수월성을 생각해 보는 것이 상담, 인문상담, 철학상담, 문학상담의 몫이라고 조심스럽게 생각하고 있다.

　이런 간절하고 아득한 꿈을 가지고 이 책을 썼다.
　내가 50여 년 동안 자유롭고 편안한 마음으로 배우고 가르쳐 온 상담, 그 세월 동안 나의 마음속에서 자라온 인문학에 기반한 인문상담에 대한 관심, 그리고 일생 동안의 나의 화두인 문학을 활용하는 문학상담에 대한 나의 생각을 나의 글로 쓰고 싶었다.
　나의 상담 일생은 한마디로 사람에 대한 사랑과 일에 대한 열정이었다. 기계화된 일상에서, 사람이 해야 했던 일의 대부분을 기계가 대신해 주는 이 놀라운 시대에서 메말라가는 인간의 삶을 비인간적인 기계의 작동 속에서 살아야 하는 지금, 여기의 세상에서 나는 삶을 사랑하고 삶의 의미를 찾고 삶의 방식을 다듬어가는 상담, 인문상담, 문학상담에 대한 나의 생각과 느낌을 글과 그림으로 표현하고 싶었다(인문상담은 철학상담, 문학상담을 포괄한다. 그러나 나는 이 책에서 문학상담에 좀 더 집중해서 썼다).

 지난 50여 년 동안 나는 수없이 많은 상담관계 서적과 논문들을 읽고 내가 소화하고 이해하는 대로 학생들에게 가르쳤고 학생들의 논문지도와 논문심사를 해 왔으며 나도 상담에 관해서 여러 편의 논문과 칼럼, 에세이를 써왔다. 그러는 동안에 쌓인 상담과 인문학과 문학에 대한 학문적 지식을 바탕으로 이 책을 썼다.

 이 책이 나오기 전에 나는 두 권의 '상담과 인문상담과 문학상담'에 관한 책을 출판했다.

 2015년 나의 희수(喜壽)를 기념하여 『문학상담』이라는 제목의 책을 시그마프레스에서 출판했다. 이 책에는 나의 상담 일생과 나의 상담 및 인문상담과 문학상담의 여정(旅程)에 대해서 그리고 문학상담의 기초와 교육내용, 문학상담자 교육, 문학상담 프로그램을 자세히 썼다. 내용이 허술하기는 했지만 '문학상담'이라는 제목으로 상담교수가 출판한 첫 책이라는 데에 의미를 두고 있다. 특별히 나는 이 책의 제목을 '문학치료'라는 용어를 쓰지 않고 '문학상담'이라는 용어를 쓴 데에 방점을 둔다. 상담 분야에서는 '심리치료'라는 용어를 '상담'과 동의어로 흔히 쓰고 있다. 상담 현장에서 상담은 심리치료를 지향하고 심리치료는 상담을 통해 진행되기 때문이다. 그러나 나는 인문상담, 철학상담, 문학상담에서는 '치료'와 '상담'을 구분하는 것을 주장한다. '치료'라는 단어는 '고쳐야 할 상처'를 전제로 그 상처를 고쳐야 하는 함의가 있는 반면, '상담'이라는 단어는 필요한 부분을 변화·성장시키는 함의가 있다. 나는 인문상담, 문학상담, 철학상담의 궁극적인 핵심은 삶의 의미를 찾아 자신을 인식하고 수용하고 적용하면서 '나다운 행복한 삶'을 실현하는 과정이라고 생각하기 때문에 '상담'이라는 단어를 선호한다.

2018년 나의 산수(傘壽)를 기념하여 『내 삶의 네 기둥: 사랑, 신앙, 상담, 스승에 관한 테마 에세이』라는 책을 학지사에서 출판했다. 나의 삶을 버텨주는 네 기둥 중의 하나인 상담과 문학상담에 대하여 2015년의 책에서 다루지 않았던 부분들까지 포함하였으며, 문학상담의 특수성과 상담적 토대 및 고유한 특징, 문학상담의 진행과 결과에 대해서 자세히 썼다.

이번 세 번째 책의 제목은 『삶 속의 상담, 상담 안의 삶』이다. 상담의 내용과 과정이 상담실이라는 공간에만 국한될 것이 아니라 일상의 삶에 녹아들어서 삶을 긍정적으로 이끌 수 있는 가이드가 될 수 있도록, 내가 배우고 가르쳐 오고 계획하는 나의 상담 세계의 핵심과 실제, 그리고 삶 속의 상담과 상담 안의 삶에 스며 있는 상담의 선물을 성경의 잠언(箴言)처럼 썼다.

상담의 핵심은 인간의 자아확립과 인간관계의 친밀함 및 성숙을 도와주는 데에 있다. 상담은 인간의 본질을 연구하는 인문학이 그 기초이며, 인문상담은 인문학에 기반한 상담이다. 인문상담의 중심은 인간 삶의 의미 탐구와 인간다움, 나다움의 실현에 둔다.

상담의 과정과 내용에 철학적인 사유와 질문을 활용하는 '철학상담'과 문학적인 표현력 및 통찰력을 활용하는 '문학상담'을 아우르는 개념을 '인문상담'으로 정의한다.

인문상담은 독자적인 문학·철학적 방법을 사용하면서도 인간의 심리에 대한 기존 지식을 상호보완적으로 활용하여 시너지 효과를 낼 수 있다. 이런 나의 생각을 3개의 Part로 구성한 것이 이 책인데 그 핵심 내용을 간단히 설명하면 다음과 같다.

Part 1. 상담, 인문상담, 문학상담의 핵심

다음의 내용들을 핵심으로 하면서 나의 50여 년간의 상담 인생과 연결하였다.

- 상담은 심리치료를 지향하고 심리치료는 상담으로 진행되므로

- 상담과 심리치료는 상호보완적인 용어이다.
- 상담은 인간의 자아확립과 타인과의 관계회복을 도와주는 과정이다.
- 인문상담은 인문학에 기반하여 인간이 인간답게 살도록 도와주는 상담의 방법이다.
- 문학상담은 문학적으로 하는 인문상담이다.

Part 2. 상담, 인문상담, 문학상담의 실제

상담교육자로서 내가 실행했던 프로그램들의 진행 방법과 과정을 담았다.

- 知音의 인문상담 강의: "얄롬의 심리치료와 知音의 인문상담"
- 知音과 함께하는 문학상담 워크숍: "나의 진짜 모습을 찾아서"
- 知音과 함께하는 인문상담 라운드 테이블: "진짜, 낭만적으로, 행복하게, 나답게!"
  –인문상담과 문학상담을 말하고, 생각하고, 실현하고, 평가하다–

Part 3. 삶 속의 상담, 상담 안의 삶

그동안의 상담 일생에서 내가 선물로 받은 상담, 인문상담, 문학상담의 핵심을 50가지의 잠언 구절처럼 썼다.

• 상담, 인문상담, 문학상담을 잠언(箴言)처럼 쓰다

'知音'은 내가 즐겨 쓰는 나의 아호(雅號)다. '서로 마음과 뜻이 잘 통하는 친구'라는 의미를 가진 이 단어는 중국 고전『열자(列子)』에 나오는 이야기에서 유래되었다고 한다. 그 시대에 살던 백아(伯牙)라는 사람은 거문고를 잘 탔고, 종자기(鍾子期)라는 사람은 백아가 타는 거문고의 뜻을 잘 알았다고 한다. 백아가 높은 산에 오르고 싶은 마음으로 거문고를 타고 있으면 종자기는 "기가 막히네, 하늘을 찌를 듯한 높은 산이 눈앞에 나타나 있구나."라고 했으며, 또 백아가 흐르는 강물을 생각하며 거문고를 타면 "도도히 흐르는 강물이 눈앞을 지나고 있는 것 같구나."라며 감탄했다고 한다. 그래서 백아는 종자기에게 "당신은 정말로 나의 음을 아는(知音)군요."라고 기뻐했고 그 둘은 서로가 서로의 마음과 뜻을 잘 아는 좋은 친구가 되었다고 한다. 그런데 종자기가 죽자 백아는 거문고를 부수고 평생 거문고를 타지 않았는데 그 이유는 자기의 소리를 알아줄 만한 사람이 이 세상에 없었기 때문이었다고 한다.

나는 知音이라는 단어의 뜻도 좋고 듣기도 좋아서 오래전에 나의 아호로 정했다. 『열자』에 나오는 백아는 종자기만을 자기의 知音으로 생각하고 그가 죽자 절망하고 말았다지만 나는 백아와는 달리 많은 知音을 가지고 싶고 나 자신도 많은 사람의 知音이 되고 싶다.

책의 여기저기에 내가 그린 그림도 곁들였다. 나는 그림을 전문적으로 배우지는 않았지만 늘 그림을 그리고 싶은 마음을 가지고 있다가 몇 년 전에 서초동 문화센터에서 그림을 배우기 시작했다. 그러나 선생님의 지도 감독 아래에서 그림을 그리는 일이 불편했고 오가는 길이 번거로워서 몇 번 가고는 그만두고 집에서 혼자 마음대로 그린다. 처음에는 유화로, 그다음에는 수채화로, 지금은 색연필로 그리고 있다. 나에게 그림은 '그리움을 그리는 시간'이어서 행복하게 집중할 수 있어서 좋다. 서투른 그림이지만 보는 사람들이 "색감이 좋다, 부드럽고 따뜻하다." 등의 칭찬을 해 주어서 기분 좋게 그림을 그리고 있다.

끝으로 책의 출판을 맡아준 학지사 김진환 사장님과 세심하게 편집을 맡아준 백소현 선생님에게 깊은 감사를 드린다.

2025년 8월
知音 이혜성

차례

책 머리에 _ 5

Part 1 상담, 인문상담, 문학상담의 핵심 • 16

삶의 본질을 사랑하는 학문: 상담 _ 18
  1. 상담은 나의 삶 _ 19
  2. 미국 대학에서 배운 상담 _ 21
  3. 한국에서 가르치는 상담 _ 26
  4. 나의 멘토들 _ 37

삶의 의미를 찾아가는 여정: 인문상담 _ 60

삶의 방식을 가다듬는 훈련: 문학상담 _ 68

Part 2 상담, 인문상담, 문학상담의 실제 • 82

知音의 인문상담 강의: 얄롬의 심리치료와 知音의 인문상담 _ 84
知音과 함께하는 문학상담 워크숍: "나의 진짜 모습을 찾아서" _ 114
知音과 함께하는 인문상담 라운드 테이블:
  "진짜, 낭만적으로, 행복하게, 나답게"
  –인문상담과 문학상담을 말하고, 생각하고, 실현하고, 평가하다– _ 140

Part 3 삶 속의 상담, 상담 안의 삶 • 156

상담, 인문상담, 문학상담을 잠언(箴言)처럼 쓰다 _ 158

Life in Counseling,
   Counseling for Life

Part 1

상담,
인문상담,
문학상담의 핵심

삶의 본질을 사랑하는 학문: 상담

1
상담은 나의 삶

"상담은 인간의 능력을 최대한 개발해 내는 힘과 지혜와 기능을 내포하고 있다."
"상담의 언어는 눈에 보이지 않는 매혹적인 힘으로 나를 혁명하고 세계를 혁명할 수 있다."

출처도 저자도 분명하지 않은 이 대담한 문장은 내가 상담을 공부할 때 나에게 용기를 주는 힘이 되었는데 내가 상담을 가르칠 때는 나를 일깨워주는 경구(警句)가 되기도 했다.

상담에 일생을 바치면서 살고 있는 나는 때때로 '상담은 나에게 있어서 무엇인가?'라고 자문하곤 한다.
그때마다 나의 대답은 '상담은 나의 일상생활을 긍정적으로 이끌어 주는 내재된 존재방식이며 나의 일상생활을 덕스럽게 이끌어 주는 외현적 표현방식이다.'라는 것이다.
나는 이런 상담을 일생의 과업으로 살고 있음을 행복하게 만족스럽게 생각하고 감사하면서 살아가고 있다.

상담은 '나'의 '나되기'를 도와주는 전문적인, 다학제적 도움 과정이다.

2025년은 나의 상담 인생 57년이 되는 해이다.

1968~1973년에는 미국에서 상담을 배우면서 그 학문의 본질에 매료되었고, 1974~현재까지 한국에서 상담교수로, 상담행정가로, 상담교육자로 살아오면서 그 학문의 실용성과 활용성에 집중하면서 상담의 새로운 방향, 인문상담·문학상담의 일상생활화(삶 속의 상담, 상담 안의 삶)를 모색하며 살고 있다.

2 미국 대학에서 배운 상담

나는 1962년에 서울대학교 사범대학 국어과를 졸업하고 경동중학교와 이화여중에서 5년 동안 국어교사로 학생들을 가르치면서 청소년들의 내부에 존재하는 용솟음치는 성장하려는 힘, 이 힘을 청소년성(youth spirit)이라 생각하면서 이것을 부러워했다. 그러면서 더 크고 더 멋진, 차원 높은 공기 속에서 살아야겠다고 다짐했다. 그 당시 나의 구체적인 목표는 미국으로 유학을 가서 상담공부를 하고 박사학위를 따고 대학교 교수가 되는 것이었다. 그리하여 천신만고 끝에 1968년 도미 유학길에 올랐고 그때부터 나의 상담 인생이 시작되었다.

🌸 상담이라는 학문의 본질에 매료되어(1968~1973)

피치버그 스테이트 칼리지에서 교육학 석사를 마치며(1968~1970)

피치버그 스테이트 칼리지(Fitchburg State College)에서 학생지도와 상담으로 교육학 석사학위를 받았다. 작은 규모의 학교였지만 상담의 원리와 실습에 대해서 다음과 같은 충실한 교육을 받았다.

- 상담의 원리는 인간 고유의 존엄성에 대한 인식과 잠재능력의 무한함에 대한 신념에 기초한다.
- 1890년대에 미국 학교에서 시작된 학생의 진로지도(guidance)가 상담활동의 시작이며, 미국의 실용주의 철학에 기반하여 상담은 교육학적으로 학생들의 건전한 인성 및 생활지도의 방향과 학생들의 심리적 문제를 도와주는 심리학적 방향으로 발전하기 시작했다.
- 점차적으로 상담과 심리치료가 상호보완적으로 인식되었다.
- 상담의 실습은 상담내용의 기록 및 상담자의 자기점검을 위해서 필수적인 과정이다.

석사과정 중에 미국 초등학교에서의 교사경험이 나에게는 큰 자산이 되었다. 미국 초등학교 교육의 기본 철학이 개인의 존엄성과 창의성과 공동선을 향한 질서의 함양에 있으며 아동들의 내부에 존재하는 천부적인 성장하려는 힘을 북돋고 언어교육과 인성교육을 실시하고 있다는 것을 알게 되었다. 각급 공교육에 관여하는 카운슬러들의 역할이 큰 것도 인상적이었다.

버지니아대학교에서 박사과정을 마치며(1970~1973)

인본주의 상담의 주류였던 버지니아대학교(University of Virginia)에서 다음과 같이 상담의 철학, 성격심리학, 교수와의 상담 실습 등을 잘 배웠다.

- 상담의 인간관에 대한 철학적 기초
    - 본질주의(Essentialism): 인간은 본질적으로 절대적인 진선미와 자아실현을 추구하는 존재
    - 진보주의(Progressivism): 인간은 본질적으로 더 나은 방향으로 성장하려는 욕구를 가진 존재
    - 실존주의(Existentialism): 인간은 실존적 고뇌(죽음, 고독, 의미, 자유, 선택)를 가진 존재
- 상담의 목표는 건강한 성격, 인간답게, 자기답게 살도록 도와주는 데에 있다.
- 성격심리 강의 중에서 다음과 같은 인본주의 심리학자들의 건강한 성격에 깊이 공감하였다.
    - 아들러의 창조적 자아(creative self)를 가진 사람
    - 올포트의 성숙한 사람(mature person)
    - 로저스의 충분히 기능을 발휘하는 사람(fully functioning

person)
　　- 매슬로의 자아실현의 사람(self-actualizing person)
- 교수와의 상담시간
　　- 인간중심상담주의자인 밴 후즈(Van Hoose)와의 상담 실습 경험에서 받은 감동은 나의 상담자로서의 자세에 깊은 영향을 주었다. 그의 전적인 집중(full attention), 긍정적 관심(positive regards), 진정성 있는 태도(authentic attitude)는 나의 영원한 귀감이다.

　박사과정 중에 수강했던 상담이론과 상담의 실제, 성격심리 등의 교과목이 나의 상담 일생 50년의 원천이다. 특히 상담 실습으로 집단상담(human potential seminar)에 참여하면서 나는 나의 움츠러드는 자존감을 되살리고 미래에 대한 합리적인 계획을 세우는 훈련을 받았고 집단상담의 응집력과 상호 피드백의 효력을 실감하였다. 상담 활동이 매일매일의 삶에 스며 들어서 나의 삶의 표현방식을 좋게 이끌어가는 훈련임을 체험하였다.

　한마디로 종합하면 나는 미국에서 공부하면서 counseling이라는 단어에는 과학으로서의 '상담학'이라는 학문과 실용적인 활동으로서의 '상담'이라는 상호보완적인 두 개의 의미가 포함되어 있음을 깨달았다. 상담학은 인간의 삶의 본질을 실현하는 방법을 연구하는 과학이다. 그러므로 상담학은 인간의 삶의 본질을 연구하는 인문학에 기반을 두고 인간의 삶의 본질을 실현하도록 도와주는 방법을 연구하는 실용적인 학문이다. 실제로 그것을 실천하도록 도와주는 전문적인 활동이 상담이다. 그 당시에는 인식하지 못하고 있었으나 이런 생각들이 후에 내가 인문학에 기반한 인문상담에 대한 개념과 효과를 구축하게 된 기본이 되었고, 상담의 일상생활화, 일상생활의 상담화에 대한 관심의 근본 터전이 되었다.

3
한국에서 가르치는 상담

🌼 서울여대와 이화여대에서 상담교수로, 학생생활지도연구소 소장으로(1974~2000)

1974년 3월 2일에 나는 서울여자대학교의 교육심리학과 조교수로 취임하였다. 미국에서 심취하며 배웠던 '상담 정신: 배려, 존중, 경청, 이해, 포용 등'의 개념을 설명하고 인간 존중, 인간의 존엄성, 인간의 무궁무진한 잠재능력 등을 강조하는 내용이 담긴 상담심리, 성격심리, 발달심리, 청년심리 등의 교과목을 스스로 감격하면서 강의했고 생활관에서 살고 있는 학생들의 많은 고뇌를 상담해 주었다.

서울여대 교수 3년 동안 나는 내가 어렴풋하게 배웠던 상담의 철학, 상담의 원리와 기술, 상담 실습 등을 좀 더 깊이 있게 습득하게 되었다. 학생들을 가르치기 위해 열심히 공부하면서 그 내용을 더 잘 배우고 이해하게 된 것이다. 교수로서 나는 미국 유학 시절에 학생으로 공부하던 것 이상으로 더 열심히 공부했다. 가르치는 것이 배움의 절정이라는 말이 옳다는 사실을 인정하면서 서울여대에서의 공부의

축적이 나의 교수생활 50여 년의 밑거름이 되었다고 할 수 있다.

1977년 2학기에는 학교를 이화여대로 옮겼다. 이화여대에서도 '상담심리' '성격심리' '발달심리' '청년심리' 등을 신나게 강의했고 교수생활의 연륜이 쌓이면서 나의 학문적 연륜도 쌓여 갔다.

이화여대에서는 학생생활지도연구소 소장으로 9년간 일하면서 상담의 일상생활화에 힘썼다. 신입생을 위한 오리엔테이션 책자, 직업보도 행사, 재학생들을 위한 소집단 대화의 모임, 사이코 드라마 공연, 정신건강 주간 등등…. 상담의 개념을 상담실에서의 심리상담에 국한하지 않고 학생들의 건전한 생애 설계(life planning)에 초점을 맞추었다. 1980년대의 불안한 정국 속에서 교수와 학생 간의 묘한 심리적 갈등을 겪으면서 상담의 핵심 주제는 '인간과 인간관계: 인간됨의 확립과 인간관계의 회복'에 있음을 절감하였다.

1981년에 결혼을 하였다. 남편은 주택사업을 하면서 인간의 독립된 능력의 개발과 실용에 관심을 가진 실용주의자였고, 기업이익을 사회에 환원하고자 하는 의욕을 가지고 있었다. 나는 인간의 잠재능력을 찾아주고 키워주는 데에

관심을 가진 인본주의 이상주의 상담교육자. 남편의 사업가적인 실용주의적 사고와 나의 교육자적인 이상주의적 감성이 조화를 이루어 2010년에 '한국상담대학원대학교'를 설립하였고, 인문학에 기반한 상담학을 구축해서 인간이 인간답게 살도록 도와주는 상담을 특수교육 목표로 삼아 현재까지 운영하고 있다.

26년간의 교수생활에서 내가 얻은 별명은 '낭만적 카운슬러(Romantic Counselor)' '감격시대 교수(Inspiring, Passionate Professor)'였다. 나는 이 별명을 훈장처럼 자랑스럽게 생각한다.

🌼 한국청소년상담원 원장으로(1998~2005)

　1998년에는 한국청소년상담원장에 임명되어 7년간 대한민국 정부기관의 기관장으로서 청소년상담에 관한 많은 일을 기획하고 청소년상담사에 대한 법을 만들고 시행하면서 2003년에 우리나라에서는 유일하게 청소년상담사를 국가자격증으로 만들었다. 그 7년 동안에 나는 내 안에 숨겨져 있던 리더십을 키울 수 있었고 정부기관의 행정을 조금 배울 수 있었으며 우리나라 청소년계의 현상에 대해서 조금 눈을 뜨게 되었다. 나는 청소년상담의 핵심을 '청소년의 성장하려는 힘, 즉 청소년에게만 있는 청소년성(靑少年性, youth spirit)을 발견하고 키워주는 데에 있다.'는 확신을 가지게 되었다. 그 개념을 확대시키지는 못했지만 지금도 청소년상담에 대한 나의 신념에는 변화가 없다. 나의 정부기관장으로서의 유일한 경험이었던 한국청소년상담원장의 직책을 7년간 맡은 뒤 2005년에 공직에서 은퇴를 했다.

　7년간의 원장 생활에서 동료들이 나에게 붙여준 별명은 '무전략이 전략인 원장(Strategy-free Administrator)'. 이 별명 역시 나를 잘 표현하고 있기 때문에 사랑한다.

🌸 얄롬을 만나서 인문상담/철학상담, 문학상담을 시작하며 (2005~현재)

1962년 대학을 졸업한 후부터 줄곧 쉬지 않고 일하다가 2005년에 은퇴를 하고 모든 일에서 물러나게 되면서 나는 허무함으로 잠시 '은퇴 마음살'이란 병을 앓았다. 그때 한 제자로부터 얄롬의 심리소설책 『The Schopenhauer Cure』를 선물받았고, 이 책을 재미있게 읽으면서 번역을 시작하였다.

그때부터 나는 얄롬에게 심취되어 그의 또 다른 책들도 열심히 번역하게 되면서 최근까지 총 10권의 얄롬 책을 번역·출판하였다. 정신과 의사이면서 자신의 임상 사례를 소설로 쓰는 작가인 얄롬의 작품세계는 흥미롭고도 다양했다. 그는 환자를 그가 호소하는 증상에만 집중하지 않고 전인적으로 인식한다. 그는 자기를 스스로 개방(self-disclosure)하면서 진단이나 처방을 하지 않는다. 이런 방법으로 인간의 실존문제, 특별히 죽음에 대한 불안을 이겨내고 삶을 긍정적으로 살도록 도와준다. 그는 소년시절부터 방대한 범위의 독서를 했으므로 인문학적인 소양이 남다르기 때문에 환자와의 대화도 다양했다. 그의 심리소설을 읽으면서 나는 내가 오래전부터 꿈꾸어 오던 문학을 활용하는 상담, 즉 문학적으로 하는 문학상담에 대해 생각하기 시작했고 문학과 더불어 철학상담도 생각하게 되었다. 문학작품과 철학사상이 주는 치료적이고 교훈적인 영향을 상담 과정에 활용하는 새로운 시도를 하고 싶었다.

상담이 상담실에서 현재 부딪히는 심리적 갈등이나 사회적 좌절을 해결하는 데에 국한하지 않고 더 넓게 인생을 설계하는 안내자, 설계자의 역할을 할 수 있는 가능성을 생각했다. 얄롬은 정신과 의사로서 의학적인 세팅에서 환자들을 상담하며 그들의 마음을 치료하고, 나는 상담교수로서 교육적인 세팅에서 학생들의 건강한 삶을 설계하는 일을 도우면서 그들의 마음을 읽는 상담자의 일을 한다는 생각으로 같은 전문직 동역자라는 생각을 했다. 나는 얄롬의 작품을 읽으면서 "말로 하는 치료(talking cure)를 활용하여 마음과 행동의 변화와 성장을 가능하게 할 수 있으며 자기다움, 나다움을 찾을 수 있다."는 것과 상담의 기본은 인문학이라는 확신을 얻고 인문학에 기반한 '인문상담'의 가능성을 생각했다. 또한 나의 오랫동안의 화두였던 문학활동을 활용하는 상담, 즉 '문학상담'의 구축에 대한 가능성을 확신하였다.

2000년에는 이화여자대학교에서 조기 은퇴를 했다. 이화여대 교수로 지낸 23년! 많은 기쁨과 슬픔과 보람과 좌절을 느끼면서 보냈던 그 시절 동안 나는 이화여대 학생생활지도연구소 소장일도 하면서 상담교수로서, 상담자 교육자로서 나 자신의 정체성을 굳힐 수 있었다. 나는 상담을 가르치는 교수로서 행복했고 외국 학자들의 전문서적을 번역하는 일을 열심히 했다. 상담의 교육학적인 역할이 심리학적인 역할과 마찬가지로 중요하다는 생각을 많이 했다. 상담은 인간의 눈에 보이는 증상이나 부적응의 문제를 해결하는 것을 넘어서 인간적인 성장을 목표로 해야 한다는 신념을 확고하게 가지게 되었다. 학생상담의 최종 목표는 '나다운 나'를 찾아서 '보람 있는 행복한 나의 삶을 살아가는 것'에 있음을 인식하였다.

🌸 2010년 3월 2일에 한국상담대학원대학교를 개교하고 (2010~현재)

한국상담대학원대학교는 한국사회에 맞는 전문적인 상담자, 즉 창의적으로 상담을 실천하면서 내담자와 함께 변화하고 성숙해 가는 상담자를 양성하기 위해 성장·소통·실천을 통한 자아실현을 학교의 교육목표로, 인문학에 기반한 인문상담의 구축을 특수 교육목표로 하여 2010년 3월에 개교하였다.

한국상담대학원대학교는 '규모는 작지만 상담의 진정한 본령을 지키면서 발전하는 특별한 상담대학원' '인문학에 기반한 인문상담학의 구축과 발전에 힘쓰는 상담대학원' '변화하는 시대에 부응하는 건강한 자기확립과 원만한 타인관계를 목표로 하는 상담철학과 상담학 연구의 특수성을 살리는 연구방법을 모색하는 상담대학원' '상담의 전문성을 살리는 상담 실습을 철저히 이행하는 상담대학원'을 향해 노력해 오고 있다.

한국상담대학원대학교에서는 현실적인 적응상의 다양한 문제를 해결하는 것에 목표를 두는 전통적이고 관습적인 범위를 넘어서 '인간의 마음과 행동의 변화를 목표로 하는, 삶 속의 삶을 찾아가는, 인간적인 성장을 목표로 하는 과정' '나답게 사는 삶'으로 범위를 확장하는 '인문학적인 자기성찰'로 목표를 재정의하고 인문상담의 구축에 학교의 특수 목표를 두고 있다.

인문상담학은 인문학의 기본 가치인 인간의 존엄성을 인식하고 인문학의 최고가치인 인간의 자아실현을 목표로 하는 창의적이고 함축적이고 적극적인 상담의 한 방향을 의미한다. 나는 인문상담은 상담자와 내담자가 이루는 특수한 상담적 관계인 상호 신뢰, 적극적 경청, 공감적 이해, 긍정적 지지 등의 상담적 활동을 인문학적인 자기성찰을 통하여 인간의 자기성장을 궁극적인 목표로 하는 상담이라고 정의한다. 인문상담의 과정에서 철학적인 사유와 질문을 활용하는 상담을 철학상담, 문학적인 표현과 통찰력을 활용하는 상담을 문학상담이라 정의하고 이를 통합하여 인문상담학이라 정의한다.

2010년 개교할 당시부터 한국상담대학원대학교의 전공학과는 '상담학'으로 하고 인간 발달 단계를 중심으로 청소년상담, 부부가족상담, 사회조직상담, 노년상담, 상담학 그리고 인문상담 분야로는 철학상담과 문학상담 등의 7개 전공분야의 상담학 석사와 박사를 배출하고 있다. 2020년에는 국가적인 심리서비스 법의 발의로 '상담'을 '상담심리학'으로 명칭을 변경하였다. 그러나 인문상담은 전공의 특수성을 고려하여 '철학상담'과 '문학상담'의 명칭을 그대로 유지하고 있다. 한국상담대학원대학교는 한국에서 최초로 인문상담을 상담전공 분야로 개설하고 철학상담, 문학상담을 세부 전공 분야로 개설한 대학원이다.

15년의 세월이 흐르는 동안 인문상담/철학상담, 문학상담에 대한 특별한 연구방법인 질적 연구, 자문화기술지 등의 연구가 진행되었고 많은 철학상담과 문학상담 전공 석사·박사 학위 논문이 출판되었다.

한국상담대학원대학교의 교육과정은 다양하고 교수들의 강의와 학생지도는 특별하다. 이 학교에서만 개설되는 인문학과 상담학을 융합하는 다양한 인문상담학 강의, 상담연구의 특수성을 살리는 다양한 질적연구에 관한 강의, 멘토링 시스템을 통한 교수와 학생의 도제식 지도, 졸업생들과 재학생들의 친밀한 연대 등등이 그 예이다. '삶 속의 삶을 찾아가는 과정을 도와주는 상담', 그러기 위해서 '자신을 성찰(awareness)하고 수용(acceptance)하고 적용(applying)하고 실현(actualization)할 수 있는 다양한 프로그램을 활용하는 실용적인 상담'을 구축하고자 하는 소망이 더욱 커져가고 있다. 그것은 곧 철학상담과 문학상담, 이들을 통칭하는 인문상담학을 확립시키는 일이다.

앞으로 한국상담대학원대학교의 특수성과 고유성을 알고 입학하는 학생들이 여기에서 배우고 익힌 상담을 실천할 수 있는 장(field)을 학교에서 마련하도록 할 것이다. 우리 학교에서는 상담의 일상생활화를 위해서 학생들의 상담에 대한 열정과 헌신을 권장하면서 건강한 인간으로 성장, 변화할 수 있도록 상담만이 할 수 있는 여러 가지 프로그램들을 개발할 것이다.

4
나의 멘토들

　50여 년에 걸친 나의 상담 일생을 관통하고 있는 나의 상담철학은 긍정적이고 미래지향적인 인본주의적 인간관을 가지고, 고유한 개인에게 잠재되어 있는 다양한 능력을 찾아 키워주는 상담자를 교육하는 것이라고 할 수 있다. 상담학자라기보다는 상담교육자인 나는 상담을 공부하고 가르치면서 상담은 상담자와 내담자가 함께 자기다운 삶의 의미와 보람을 찾아가는 여정이라고 확신한다. 따라서 상담자와 내담자가 맺는 관계의 질이 중요하고 상담의 과정과 내용은 보다 진지하게 삶 속의 삶을 찾아 자신을 긍정하고 탐색하면서 깨닫게 되는 자기성찰(self-awareness)이 핵심이어야 한다는 신념을 갖고 있다.

　내가 생각하는 상담의 최종 최고 목표는 인간이 '나다운 나'로 성장해서 '내가 바라는 행복한 삶'을 살아가도록 도와주는 것이고, 상담자는 내담자와 함께 같은 목표를 향해 가는 동행자, 격려자, 탐색자, 안내자로서의 역할을 할 수 있도록 훈련을 받아야 한다는 것이 나의 주장이다.

나의 상담 일생을 관통하고 있는 인본주의적 인간관, 인간중심적이고 실존적인 상담자의 모형을 형성하게 해 준 멘토들이 많다. 여기서는 그들 가운데 아들러, 올포트, 로저스, 매슬로, 코르시니, 얄롬 등 여섯 분의 이론을 정리했다. 코르시니는 내가 이화여대 교수로 그의 『다섯 명의 치료자와 한 명의 내담자』를 번역하여 대학원 교재로 쓰고 있을 때인 1997년에 만났다. 그분의 상담철학과 상담자적인 태도에 감동하면서 의미 있는 소통을 할 수 있었고, 그는 곧 나의 멘토가 되었다.

얄롬은 2005년 내가 은퇴한 후에 그의 책 『The Schopenhauer Cure』를 읽고 번역하면서 알게 된 정신의학과 교수이자 심리치료사이다. 심리치료사로서의 그의 확신과 태도가 나의 상담철학 및 상담자의 태도와 통한다고 느끼면서 나는 그의 책을 10권이나 번역, 출판하였다. 얄롬은 내가 시도하고 있는 인문상담과 철학상담과 문학상담의 실현 가능성을 굳혀준 나의 최근의 강력한 멘토이다.

알프레드 아들러
(Alfred Adler, 1870~1937)

-창조적인 삶-

개인 심리학을 주창한 아들러는 각 사람의 성격은 그 사람만의 독특한 성격이라는 성격 이론을 확립하였다. 아들러는 프로이트 정신분석학파의 중요 멤버로 비엔나에서 정신과 의사로 활발히 활동하다가 프로이트 학파의 무의식 이론과 결별하고 각 사람에게는 그 자신의 성격을 독특하게 구성하는 그 사람만의 '창조적인 나(creative self)'가 있음을 역설했다.

의과대학을 졸업하고 안과 의사로 개업한 아들러는 눈이 나쁜 사람일수록 더 열심히 독서를 하고 눈을 많이 사용하는 작업에 집중하는 것을 보았다. 이 경험을 통해 아들러는 사람은 자기에게 부족한 부분을 보상하기 위해서 특별히 노력한다는 사실을 알았다. 이것이 열등감과 우월감에 대한 그의 탁월한 이론이다. 그의 이론을 기초로 나는 우리들 대부분이 자기의 능력과는 관계없이 '쓸데없는 열등감과 우월감'에 매여 있다고 절감한다. 나의 상담철학의 하나는 이 콤플렉스에서 해방되도록 도와주는 것이다. 인간의 성격을 구성하는 요소를 여섯 가지로 정리한 그의 성격 이론에 나는 깊이 동감한다.

- 가공적 목적론: 사람들은 실현될 가능성이 없지만 그것을 목적으로 설정하고 그 목적을 향해 노력하면서 살고 있다. 예를 들면, '모든 사람은 평등하다.' '정직은 최상의 정책이다.'라는 명제는 실현가능성이 없는 비현실적인 이상이지만 그것이 마치 진실인 양 믿고 그것을 따르며 산다는 것이다.
- 우월성을 향한 추구: 사람들은 보다 우수하고 완벽한 것을 추구한다.
- 열등감을 보상하기 위한 노력: 사람들은 신체적, 심리적 열등감에서 벗어나고 보상받기 위해 끈질기게 노력한다. 사실 우월감과 열등감은 마치 동전의 양면과 같아서 서로 분리될 수 없는 것이다.
- 사회적인 관심: 근본적으로 사람은 사회적 동물이므로 그가 속한 사회에 대해 원론적인 관심을 갖는다.
- 생의 양식: 사람에게는 나름의 독특한 생의 양식이 있는데 대개 성장 과정에서 형성된다. 자신이 원하는 생의 양식대로 살고 있

다고 느끼는 사람이 행복하다.
- 창조적인 나: 아들러는 사람들이 높은 이상 또는 우월성을 추구하다가 열등감을 느끼게 되면 이를 보상하기 위해 최선을 다하고 그가 속한 사회에 관심을 가지며 그 자신만의 독특한 생의 양식을 따라 산다고 보았다. 이런 공통적인 요소를 모두 갖고 있는데도 왜 각 개인의 성격이 독특하게 구축되는지 수년간 성격의 구조에 대해 연구해 왔다. 말년에 그가 얻은 결론은 그 사람에게만 독특하고 유일한 '창조적인 나'가 있기 때문에 각 사람은 독특하고 유일하다는 것이었다.

'창조적인 나'는 각 개인을 독특하고 유일무이한 존재로 만들기 때문에 이를 구축한 사람은 만족하고 성숙하고 행복한 삶을 영위할 수 있다고 했다. 오늘과 같이 급변하는 세상을 사는 우리에게 '창조적인 나'를 구축하고 열등감과 우월감을 극복하는 일은 상담의 중요한 주제이기 때문에 아들러는 나의 멘토이다.

고든 올포트
(Gordon Allport, 1897~1967)

-성숙한 삶-

　인류의 정신문화 영역에 지대한 영향을 준 프로이트가 맹활약을 하던 시대에는 병리적이고 비정상적인 성격이 성격심리 연구의 초점이었으므로 인간의 건강한 동기와 같은 긍정적인 면은 연구되지 않았다. 그런 때에 미국 심리학계의 큰 스승인 올포트는 프로이트와 다른 주장을 폈다. 즉, 인간은 무의식의 힘에 의해 움직이는 것이 아니며 성격의 발달은 긴장의 해소에 의해서가 아니라 적낭한 신장을 유지하면서 새로운 감동과 도전으로 최선을 다할 수 있는 과제를 추구하는 데에 있다고 역설하였다. 이런 주장의 배경에는 프로이트와의 인상적인 만남이 있었다는 일화가 있다.

　1920년 여름, 23세의 젊은 올포트는 '초년병의 만용'으로 프로이트를 만났다. 올포트를 사무실로 안내한 프로이트는 말이 없었다.

　프로이트의 긴 침묵으로 긴장감에 짓눌린 올포트는 대화의 실마

리를 찾다가 오는 길에 만난 한 소년의 이야기를 불쑥 꺼냈다. 그 소년은 더러운 것을 참지 못하고 어머니에게 계속 불평을 했는데 소년의 어머니가 극단적으로 청결하고 상당히 권위적인 사람이라고 생각했기 때문에 소년의 불결에 대한 공포증은 당연한 것 같다고 올포트는 말했다. 프로이트는 한참 후에 "그 소년이 바로 당신 아니오?"라고 질문했다. 이것은 사람들의 행동은 그 자신의 내적인 갈등과 두려움을 드러낸다는 프로이트의 신념을 표현한 질문이었다.

이 짧은 만남으로 올포트는 큰 충격을 받고 심리학자들이 인간의 무의식 속에 자리 잡고 있을, 알지도 못하는 어떤 일들을 캐내기보다는 인간의 의식, 동기 등을 연구하는 것이 의미 있다는 생각을 하였다. 그래서 그는 건강한 성격을 연구하였고 그 건강한 성격을 '성숙한 인간'이라고 명명하였다. 그는 성숙한 인간의 특성을 다음과 같이 정리하였다.

- 자아감의 확장: 자기 이외의 것에 대한 관심과 넓은 포용력을 가진다.
- 따뜻한 인간관계: 판단하거나 비판하지 않고 친밀감과 연민으로 관용을 베푼다.
- 정서적 안정감: 자신의 정서 조절, 좌절에 대한 관용을 가진다.

- 현실적 지각: 현실을 있는 그대로 객관적으로 지각한다.
- 기술과 과제: 맡은 바 일의 중요성과 필요성을 인식하고 몰두한다.
- 자아 객관화: 자신에 대한 객관적인 통찰력을 가지고 다른 사람을 정확하게 판단한다.
- 일관성 있는 생의 철학: 일관성 있는 가치와 양심을 가진다.

사람을 긍정적인 시각에서 바라본 올포트의 지혜는 상담자인 나에게 큰 가르침을 준다. 나는 올포트의 성숙한 성격을 구성하는 건강한 동기와 기능적 자율성, 일관성 있는 생의 철학을 특히 좋아한다. 나는 올포트가 묘사해 놓은 성숙한 성격을 갖출 수 있기 위해 부단히 노력하고 있다. 올포트는 나의 영원한 멘토이다.

칼 로저스
(Carl Rogers, 1902~1987)

-내 삶의 주인은 나-

　어떤 형태로든지 상담과 관계가 있는 사람들에게 로저스의 '내담자 중심의 상담'이라는 말은 익숙한 용어이다. 인본주의 심리학의 중심인물이며 학문적으로 또 일상생활에 상담이라는 영역을 정착시키는 데 크게 기여한 로저스가 제시한 내담자 중심의 상담은 우리나라에서는 상담의 대명사가 되었다. 상담자는 내담자와 상호 신뢰를 이루고 내담자를 무조건적으로 존중하며 내담자의 이야기를 적극적으로 경청하면서 공감하고 이해하는 과정을 통해 내담자 스스로가 자기 세계를 탐색하고 통찰하게 해주어야 한다는 것이 내담자 중심 상담의 이론이다.

　로저스에 따르면 각 개인은 선천적으로는 자기가 자기 삶의 주인인데 후천적인 이유로 상처 입고 좌절하여 자기 삶의 주인 역할을 하지 못하기 때문에 문제가 생긴다는 것이다. 따라서 모든 문제의 근본 원인은 자기 자신에게 있으므로 적절한 상담을 통해 스스로의 힘으로 문제를 해결할 수 있다고 믿었다. 그래서 로저스는 개인이 자신을 어떻게 인식하고 있는가, 즉 개인이 가지고 있는 자아개념(自我槪念)을 중요하게 생각했다.

자아개념은 세 가지 요소, 즉 진정한 자기, 이상적인 자기, 남에게 비춰지기를 원하는 자기로 이루어지는데, 건강한 개인은 이 세 자기가 잘 통합되어 있는 반면에, 상처받은 개인은 이 세 요소가 서로 연결되어 있지 않다는 것이다. 상담의 중요 목표는 이렇게 분열된 자아개념의 통합에 있다. 이 상담방법의 특징은 심리검사를 위시한 그 어떤 상담기법 도구도 쓰지 않고 오로지 상담자와 내담자가 맺는 절대적인 신뢰의 관계로 내담자 중심의 상담을 한다는 데에 있다.

또한 로저스는 인간에게는 선천적으로 자아를 실현하려는 경향이 있으므로 사기 삶의 주인은 충분히 기능을 발휘하는 인산(fully-functioning person)이며 이를 건강한 성격의 모형이라고 주장하였다. 충분히 기능을 발휘하는 사람에게 있는 다섯 가지 특징은 다음과 같다.

- 경험에의 개방성: 모든 감정과 태도를 경험하는 데 자유롭다.
- 실존적 삶: 실존적 문제 속에서 살고 있다.

- 자신에 대한 신념: 자신의 행동을 결정하는 데 가장 신뢰할 만한 지침은 자신이 옳다고 생각하는 방식이다.
- 자유감: 자유롭게 개인적인 삶을 선택한다.
- 창조성: 사회문화적 구속에 동조하거나 수동적으로 적응하지 않는다.

'나는 내 삶의 주인인가?'

로저스가 제시한 이 질문은 상담의 출발점이 되는 질문이다. 로저스의 책 『진정한 사람되기(On Becoming a Person)』에는 상담관계 과목에서 가르쳐야 할 모든 부분이 수록되어 있다. 그는 분명하고 명쾌한 문장으로 무조건적 긍정적 수용, 공감적 이해, 절대적 신뢰 등 그의 방대하고 포괄적인 이론을 설명하고 있다.

로저스의 내담자 중심의 상담이론과 그의 상담기법은 상담자인 나를 위시한 우리 모두의 황금률(Golden Rule)이다.

에이브러햄 매슬로
(Abraham Maslow, 1908~1970)

-일상을 신선하고 경이롭게 사는 삶-

　인본주의 심리학의 아버지라고 불리는 매슬로는 사람은 무궁무진한 잠재능력을 갖고 태어나므로 제대로 성장한다면 이 능력의 깊이와 높이, 너비가 무한할 것이라 믿었다. 또한 사람에게는 강한 것으로부터 약한 것으로 단계별로 옮겨가는 여러 가지의 보편적이고 선천적인 욕구가 있는데 이것이 그의 유명한 '욕구의 위계이론'이다. 즉, 가장 강하고 원초적인 신체적 욕구를 충족해야만 다음 단계인 안전에 대한 욕구, 그다음에 소속감과 사랑에 대한 욕구, 그다음에 자존감에 대한 욕구, 그리고 나서야 가장 최고의 단계인 자아실현의 욕구를 추구할 수 있다는 이론이다.
　자아실현의 욕구는 성장의 동기이고 모든 사람은 자아실현의 용기 또는 경향이 있다고 한다. 그는 현존하는 인물과 역사적인 인물들 중에서 자기의 타고난 능력과 소질을 충분히 발휘하며 행복하고 만족스럽게 사는 사람들을 깊이 있게 연구했다. 그 결과 이들에게는 보통 사람들과는 다른 특별한 특성이 있음을 밝혀내고 이들을 '자아실현의 사람'이라고 명명하였다. 그는 자아실현을 이룬 사람은 무엇인가 첨가된 사람이 아니라 아무것도 손상당하지 않은 사람이며, 자아실현은 완료형이 아니라 현재진행형, 즉 정지된 상태가 아니라 계속해서 움직이는 상태이기 때문에 완벽한 상태란 있을 수 없다고 했다. 매슬로는 약 1%의 사람만이 자아를 실현하면서 산다고 하면서 중년이 지나서야 자아실현의 느낌을 가질 수 있다고 했다.

자아를 실현하며 산 사람들의 특징을 매슬로는 다음과 같이 정리했다.

- 정확하게 현실을 파악하는 특성이 있다. 가짜와 진짜를 구별하고 해결해야 할 문제를 현실적으로 분명하게 인식하고 수단과 방법을 구분할 줄 알고 결과보다 과정을 중요하게 생각한다.
- 대인관계를 맺는 데에 특징이 있다. 그들은 사적인, 개인적인 영역을 중시하고 문화와 환경에 쉽게 휘둘리지 않고 자기만의 세계를 귀히 여기며 몇몇 사람과 아주 특별히 친밀 관계를 가진다.
- 민주주의적인 가치관을 가지고 있다. 개인차를 인정하며 사회정의 실현, 인권문제에 관심을 가진다. 선동에 휩쓸리지 않으며 남

을 헐뜯고 비방하지 않는다. 그러나 불의를 보면 분노하고 용기 있게 대항한다.

- 적의 없는 유머감각을 가진다. 그들에게는 철학적이며 고차원적이고 선한 유머감각이 있으므로 상대방에게 상처를 주는 저질의 유머를 혐오한다. 그리고 상대방의 선의를 자발적이고 단순하게 받아들이고 자연스럽게 행동한다.
- 사물을 신선하고 경이롭게 인식한다. 매일 뜨고 지는 태양이나 봄마다 피고 지는 꽃들을 보고 신선하게 감탄하며 인간의 선행을 보고 깊이 감격한다. 그러므로 그들은 절정의 경험, 몰아의 황홀경에 빠지는 신비스러운 경험을 많이 하며 보통 사람들보다 창의적이다.

매슬로의 자아를 실현하는 사람의 특징은 나의 일상생활의 모토이다. 나는 성격심리를 강의할 때 매슬로를 가장 열정적으로 감격하면서 강의했다. 매슬로의 책『존재의 심리학(Toward a Psychology of Being)』을 번역하면서 나는 그의 박식함과 치밀함과 열정에 깊이 감격했다. 그는 내가 숭배하는 멘토이다.

레이몬드 코르시니
(Raymond Corsini, 1914~2008)

-존중감·책임감·내공의 실력·사회정의에 대한 민감성-

    1997년 2월 20일, 하와이 대학 근처에 있는 식당에서 나는 상담학의 대가로 불리는 코르시니 박사를 처음 만났다. 나는 그때 코르시니 박사의 『다섯 명의 치료자와 한 명의 내담자』를 대학원 교재로 쓰고, 또 그 책을 번역하던 중이었기 때문에 그 저자를 직접 만난다는 사실에 흥분하고 있었다. 그날 만난 83세의 고령인 코르시니 박사에게서는 건강하고 성숙한 삶이 풍기는 향기가 느껴졌다. 간단한 수인사가 끝나자마자 상담자가 갖는 편안한 태도로 마치 오랫동안 알고 지내온 친구와 이야기하듯 코르시니 박사와 나는 대화를 이어갔다.

    "사람은 누구나 세계를 변화시켜 보려는 커다란 이상과 야망을 젊었을 때부터 가져야 합니다. 비록 그렇게 하지는 못할지라도 청소년 시절에 그런 원대한 꿈을 꿀 수 있게 키워주어야 합니다. 그 일은 중등교육이 맡아야 하는데 현대의 중등교육은 그 역할을 못하고 있어요. 그래서 나는 '코르시니의 4R'을 실현하는 학교를 몇 년 전부터 운영해 오고 있습니다. 학교교육의 결과는 그 졸업생들이 말해 줍니다."라고 코르시니 박사는 열변했다. 그가 말하는 4R이란,

- Respect (존중감): 자신과 상대방 존중하기
- Responsibility (책임감): 자신과 상대방에 대해 책임지기
- Resourcefulness (내공의 실력): 자신과 사물에 대해 실력 쌓기
- Response (사회정의에 대한 반응): 자신을 둘러싼 사회정의에 대한 민감성 갖기

그는 이렇게 말하며 소년처럼 천진난만하게 웃었다. 그러고는 동양에서 온 한 상담교수인 내가 자신의 이야기에 심취하는 일이 너무 기쁘다면서 나를 자기 집으로 초대했다.

코르시니 박사의 집은 평범하고 소박했다. 그는 자신의 소박하고 단순하며 유쾌한 생활을 들려주면서 "사람들과 유쾌하게 놀다 보면, 좋은 생각이 떠올라서 몸과 마음이 언제나 건강하고 행복한 것 같습니다."라고 했다.

그 해 1997년 12월에 내가 번역한 그의 책 『다섯 명의 치료자와 한 명의 내담자』는 이화여대출판부에서 출판되었고, 코르시니 박사의 『심리학 백과사전』도 출판되었다.

2003년 하와이에서 열린 미국심리학회(APA)의 특별 공로상을 수상한 90세의 코르시니 박사는 여전한 모습이었다.

코르시니 박사가 몸과 마음의 건강을 유지하는 비결은 어찌 보면 간단하다. 자기가 좋아하는 일을 적극적으로 창의적으로 하는 것과 늘 건설적인 생각을 하는 것으로 마음의 건강을 지키고 나이와 상관없이 주위 사람들과 유쾌하게 지내고 자연을 가까이 하기에 건강한 것이다.

코르시니 박사는 그가 주장하고 있는 4R을 매일의 일상에서 실천하면서 열정적인 삶을 살고 2008년에 영면한 행복한 학자였다.

코르시니 박사는 내가 직접 만난 몇 안 되는 세계적으로 유명한 상담학자이다. 그의 명쾌하고 진솔한 대화법이 사람과의 만남을 격의 없는 관계로 이끌고 그의 긍정적이고 미래지향적인 교육관이 나를 매료시켰다. 그는 나의 훌륭한 멘토이다.

어빈 얄롬
(Irvin Yalom, 1931~)

-절대적인 것도, 주어진 모델도 없지만
인간은 자기 삶의 의미를 찾아야 한다-

나는 2005년 한국청소년상담원 원장직에서 정년퇴직을 할 때 제자로부터 얄롬의 심리치료 소설 『The Shopenhauer Cure』(Basic Books, 2005)를 선물로 받아 읽었다. 이것이 나와 얄롬의 첫 만남이었다. 이 소설을 읽으면서 나는 얄롬이 자신이 리드하는 집단심리치료 과정을 소재로 멋진 소설을 썼다는 사실에 감동받았고, 정신과 의사인 그가 철학과 문학에 대해서 놀라울 정도로 방대한 지식을 가지고 있다는 사실과 심리치료자로서 그가 환자를 대하는 태도가 솔직하고 정직하게 자기를 개방하고 환자를 전인적(全人的)으로 대한다는 사실이 퍽 인상적이었다. 그리고 이 소설에 등장하는 9명의 집단상담 참여자들의 대화 내용이 죽음과 고독과 사랑과 결단과 같은 깊고 어려운 실존적 고뇌에 대한 것이었다는 것이 신기했다. 이 책을 강원대의 최윤미

교수와 같이 번역해서 2006년에 『쇼펜하우어, 집단심리치료』라는 제목으로 출판한 이후 2025년까지 그의 책 10권을 내가 번역하고 시그마프레스에서 출판했다. 이렇게 여러 권을 읽고 번역할 수 있었던 것은 그가 자신의 심리치료 내용과 과정을 시작부터 끝까지 비교적 자세히 서술하고 치료자로서의 인간적인 희로애락, 실패와 성공적인 에피소드를 용감하고 정직하게 기술했기 때문에 교육적으로 유용하기 때문이었다.

　상담은 다이내믹한 상담 과정을 거치면서 상담자와 내담자의 마음이 변화하고 성장하는 움직임의 기록이다. 대개의 상담교과서에는 상담의 내용과 과정의 중요한 부분만 언급되는 데 비해 얄롬의 책은 환자의 허락을 받아 그 전체 과정을 이야기식으로 써서 독자들에게 실질적인 도움을 주고 있다. 그의 심리치료 이야기 안에 스며 있는 인문학직인 배려, 철학적인 사유와 문학적인 표현, 이것이 내가 주장하는 인문상담의 핵심과 동일하다.

　얄롬은 2017년에 『비커밍 마이셀프』를, 2021년에 『죽음과 삶의 문제』, 2024년에 『마음의 시간』을 써서 출판했고, 나는 그 책들을 시그마프레스에서 번역, 출판했다. 80대 중반에 들어선 노년의 얄롬이 쓴 글을 읽으면서 역시 80대 중반에 들어선 나는 '삶 속의 상담, 상담 안의 삶'을 살아가려고 노력하고 있다. 그에게서 많은 것을 배웠기에 노년의 얄롬이 쓴 책을 여기에 간단히 소개한다.

먼저, 『비커밍 마이셀프』는 내가 여덟 번째로 번역한 얄롬의 책이다. 원제목 'Becoming Myself', 즉 '얄롬의 얄롬되기의 과정'이라는 제목 그대로 자신의 일생을 솔직하고 간결한 문장으로 써 내려간 이 책은 그의 자전적 회고록이다. 50여 년간 다른 사람의 삶을 되돌아보고 그들의 삶을 재구성해 주는 심리치료자였던 그가 자신의 치료자적 안목과 소설가적 필력을 자신에게로 돌려서 쓴 86년간의 심오한 삶의 기록이다. 이미 그의 책들을 많이 번역한 나는 이 회고록에 담겨 있는 사실들이 낯설지가 않았고 더욱 친근하게 느껴졌다. 그가 노년에 이르러서 쓴 글들은 마치 나의 이야기를 내가 쓴 글로 읽는 것처럼 많은 공감이 되었다. 특별히 책의 마지막 장, 'Novice at Growing Old(노년의 신참자)'는 나에게 엄청난 깨달음과 울림을 주었다. 80대에 들어선 얄롬은 자신을 80대에 새로 참여하는 신참자라고 생각한다. 지금까지 살아온 것과 똑같은 환경이지만, 80대에 들어선 그에게 그 환경이 낯설게 느껴지고, 기억력이 쇠퇴하고, 건망증으로 사소한 것들을 잃어버리거나 잊어버리고, 신체의 이곳저곳이 아프다. 그러나 새로운 세상에 노출되는 신참자로서의 정열과 의욕은 여전하고,

죽을 때까지 열심히 일하고 즐기면서 살아가려는 의지 또한 여전하다. 이것이 80대의 신참자 얄롬 박사의 모습이고 그 모습이 역시 80대의 신참자인 나의 모습으로 겹쳐지면서 깊은 공감을 주었다.

다음으로, 2021년에 얄롬 박사 부부가 그들의 마지막 일상을 함께 쓴 책이 『죽음과 삶의 문제(A Matter of Death and Life)』이다. 그들은 10대부터 서로 알기 시작하여 20대에 결혼하고 65년간 행복한 결혼생활을 하면서 평등하게 각자의 전문직에서 훌륭한 업적을 남기고 네 명의 자녀를 키우면서 서로에게 포용적이고 절대적이며 함께 성숙해 가는 부부의 사랑을 실천해 왔다. 프랑스 문학을 전공한 비교문학 박사이자 교수인 아내 매릴린 얄롬은 말년에 불치의 병에 걸렸음을 인식하고 의사의 도움을 받은 자살(physician-assisted suicide)로 생을 마감하였다. 나는 얄롬의 아내와 어머니의 마지막 죽음을 맞이하는 남편 얄롬의 모습과 자녀들의 성숙하고 경건한 태도에 감읍(感泣)하면서 이 책을 번역했었다.

2024년 최신작인 『마음의 시간: 여기 지금과 연결하기(Hour of the Heart: Connecting in the Here and Now)』는 93세의 얄롬이 자신의 60여 년 동안의 심리치료사로서의 경험을 22개의 사례를 통해 정리한 심리치료 사례집이다. 얄롬은 후학들에게 심리치료의 과정과 내용을 가르치기 위해 300여 개의 심리치료 이야기 중에서 22개를 골라 여기 그리고 지금의 상황에서 개별 환자와 일대일로 마음속 이야기를 나누면서 서로 변화하고 성장하는 과정을 썼다. 이 책은 얄롬 박사 부자의 공동작품이다. 아버지의 심리치료 경험이 아들의 관찰력, 통찰력과 협업하여 쓰인 책이다. 얄롬 박사는 자기와 같은 길을 걷게 된 막내아들과 함께하는 작업이 즐거웠고 자신의 아들이 자신의 마지막 제자가 되었음을 기뻐한다고 했다.

  얄롬은 이 책에서 치료의 중심을 치료사와 환자 사이의 관계에 두는 것이 얼마나 강력한지, 치료사의 자기 개방(self-disclosure)이 어떻게 치료에 변화를 가져올 수 있는지를 보여 주고 있다. 한마디로 심리치료에서 치료사의 역할이, 상담에서 상담자의 역할이 얼마나 중요한가를 다시 일깨워주고 있다.

  얄롬 박사는 나의 57년 상담 일생에 가장 큰 영향을 준 나의 멘토이다.

삶의 의미를 찾아가는 여정: 인문상담

인문상담은 신비한 잠재능력을 가지고 태어나는 인간의 '삶'이 그 안에 응축되어 있는 잠재능력을 발휘하면서 살아가는 '사람'으로 변화·성숙하는 과정을 섬세하게 도와주는 상담이다.

인문상담의 핵심은 개인이 하나의 인간으로 태어나서(born) 하나의 인간이 되고(being) 고유한 나로 자기답게 성숙하여(becoming myself) 인간답게, 나답게, 행복한 삶(happy life)을 살아갈 수 있도록 도와주는 것이다.

'삶'이라는 글자 속에는 '살림'과 '사람'이라는 글자가 들어 있다. 삶은 살림을 통해서 사람으로 성장하는 과정이고 그 과정을 조직적이고 체계적으로 도와주는 것이 넓게는 교육이라면 그 과정에서 개인적이고 섬세하게 일상적인 도움을 주는 것이 상담이라고 할 수 있다.

인간은 현재의 자신의 마음을 이해하고 수용하는 것만으로 만족하는 존재는 아니며 지금보다 더 나은 상태가 어떤 것인지 질문하고 탐색하며 추구하는 존재이다. 인간은 자기의 인생과 세계가 나아가야 할 방향과 좌표를 향해 치열하게 노력하는 존재이다. 따라서 인문상담은 눈앞에 보이는 갈등의 해소나 정서적 문제의 해결을 넘어서 인

삶 응축된 가능성
A Human Being

인문상담

삶 속에 응축되어 있는 가능성을 발휘하는 존재인 사람으로 성장시키는 과정

사람 가능성을 발휘하는 존재
Being A Human

간적인 성장을 목표로 자기가 원하는 삶을 살 수 있도록 도와주는 과정이어야 한다.

인문상담에서 상담자는 내담자로 하여금 '나는 누구인가?' '나는 무엇을 하는 사람인가?'라는 인문학적 자기인식을 하도록 이끄는 안내자이며 '나는 과거에 어떻게 살아왔으며 현재 어떻게 살고 있고 미래에는 어떻게 살아야 하는가?'라는 상담적 자기성찰로 이끌어가는 격려자이며 동행자의 역할을 수행하는 전문가여야 한다.

인문상담의 과정은 자기인식(Awareness), 자기수용(Acceptance), 자기적용(Applying), 자기실현(Actualization)으로 이루어지는데 공교롭게도 이 단어들이 영어로는 알파벳 A로 시작되는 단어로 되어 있어서 나는 이를 '자기인식의 4A'라고 칭한다. 인문상담은 상담의 과정과 내용을 더욱 깊이 있게 하고 의미 있는 자기성장으로 이끌어 갈 수 있을 것이라고 확신한다.

인문상담을 상담의 한 방법이라고 할 수 있는 이유는 '자기인식의 4A' 상담 과정에서 상담의 핵심 활동인 경청과 수용과 이해와 공감을 섬세하게 이행해야 하기 때문이다. 나는 이 활동을 인문상담의 상담화 과정(counselizing process)이라고 정의한다.

인문상담의 상담화 과정은 인문학적 자기인식의 질문, 즉 '나는 누구인가? 나는 무엇을 하는 사람인가?'에 대한 생각을 하며, 상담적 자기성찰적 질문, 즉 '나는 어떻게 살 것인가? 나는 어떻게 일할 것인가?'에 대한 생각을 하고, 이를 경청과 수용과 이해와 공감, 즉 상담의 핵심적 활동을 통해서 성숙시켜 가는 과정을 의미한다. 인문상담은 그 활용 범위와 다루어지는 내용이 깊이 있고 그 결과는 다양한 의미가 있을 것이라고 확신하면서 인문상담의 밝은 미래를 바라보고 있다.

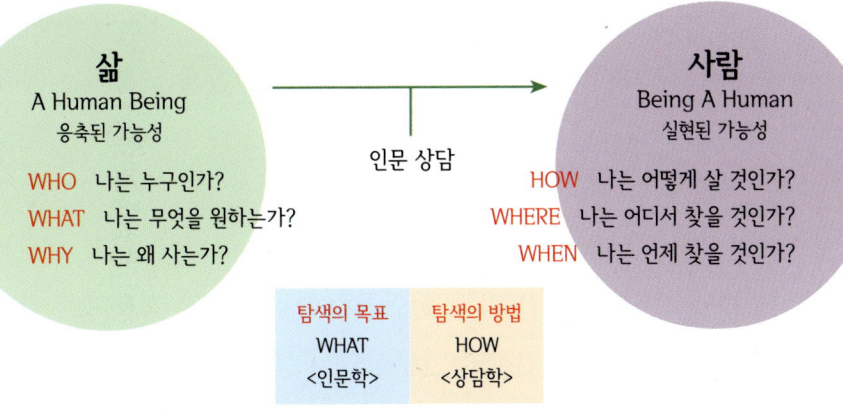

인문학 = 인간의 본질을 연구하는 학문
상담학 = 인간의 본질을 실현하는 학문
인문상담 = 인간의 본질을 연구하여 실현하도록 도와주는 전문적인 활동

인문상담은 내담자가 호소하는 증상의 제거를 넘어서 인간의 인간적인 성숙을 목표로 하기 위하여 상담 과정에 인문학적인 깊이를 더해 보자는 데에 핵심이 있다. 상담의 과정에서 자기를 성찰하고 자기의 내면 세계를 통찰하고, 더 나은 자기 자신이 되도록 도와주기 위하여 상담자는 '문제'를 넘어 '사람'을 중심으로, '치료'를 넘어 '성장'

에 목표를 두고 내담자를 격려하고 내담자의 어두운 마음에 불을 밝혀주는 역할을 해야 하는 안내자이자 내담자와 함께 성장하는 동행자가 되어야 한다.

인문상담은 인문학적 탐구를 통해 자기 자신(MIND)을 알고 자신을 나타내며(SELF) 그 과정은 자기를 인식하고 수용하고 적용하며 실현하는 과정을 거친다. 그리하여 인문상담의 목표는 나다운 삶을 행복하게 살 수 있도록 도와주는 것이다. 나는 이것을 4개의 알파벳 문자로 만들어진 단어들로 다음과 같이 연결해 보았다.

인간의 본질은 인간의 마음(MIND)이고 인간은 자기(SELF)라는 형태로 행동한다.

MIND의 내용을 임의로 풀어보면, Meaning(내 삶의 의미), Identity(나의 정체성), Nobility(나의 고귀함), Decency(나의 품격)가 포함된다.

나는 나 자신(SELF)으로 표현된다. SELF의 활동의 내용은 Searching(탐색하기), Expressing(표현하기), Living(생활하기), Facilitating(촉진하기)이 포함된다.

MIND와 SELF는 자연스럽게 연결이 된다. 즉, 인간은 자기 삶의 의미를 탐색하고 자기의 정체성을 표현하면서 자신의 고귀함을 삶으로 표현하면서 그 품격을 계속해서 촉진한다.

이런 과정은 자기를 인식하고(Aware) 수용하고(Accept) 적용하고(Apply) 실현하는(Actualize) 단계를 거친다. 그리하여 나다운 나의 삶(LIFE)을 살 수 있게 된다.

LIFE는 Love(사랑), Integrity(성실), Fairness(공정), Enthusiasm(열정)으로 이루어진다.

나는 이 개념들을 인문학적 탐구, 상담활동, 인문상담적 함의, 나다운 삶으로 연결하여 다음과 같은 표로 만들어 보았다.

인문학적 탐구	상담활동	인문상담적 함의	나다운(행복한) 삶
인간의 마음(MIND)	생활태도자기(SELF)	4A	LIFE
Meaning (의미)	Searching (탐색하기)	Aware (인식하기)	Love (사랑)
Identity (정체성)	Expressing (표현하기)	Accept (수용하기)	Integrity (성실)
Nobility (고귀)	Living (생활하기)	Apply (적용하기)	Fairness (공정)
Decency (품격)	Facilitating (촉진하기)	Actualize (실현하기)	Enthusiasm (열정)

인문상담은 나다운 삶의 의미를 찾아가는 여정이다.

삶의 방식을 가다듬는 훈련: 문학상담

문학상담은

"상담이 문학을 만나고 문학이 상담을 만나서 자신의 언어로 '나'와 '너'와 '세상'의 존재 의미와 존재 가치를 찾아내는 상담 방법이다."

"문학적으로 하는 인문상담이다."

  상담은 내가 말로 하는 나의 삶의 이야기, 그 속에서 내가 원하는 삶을 찾아가도록 도와주는 과정이고, 문학은 타인에 의해 쓰여지는 타인의 삶의 이야기, 더 나은 삶을 지향하는 보편적인 가치를 추구하며 보여 주는 언어예술이다.

  '상담'과 '문학'의 주제는 '인간의 삶'이며 '자신이 원하는, 더 나은 삶'을 탐색하는 것이 상담과 문학의 공통적인 목표이다. 이러한 주제와 목표를 공유하는 '상담'과 '문학'이 융합하여 이루어지는 상담, 즉 문학적으로 할 수 있는 문학상담을 구축할 수 있다면 상담의 내용과 과정이 더 다양하고 의미 있을 것이다. 즉, 문학상담을 통해서 한 인간이 자기 서사를 재구성할 수 있고 자기의 잠재능력을 실현할 수 있을 것

문학, 상담을 만나다

상담활동
배려, 수용, 신뢰, 공감
(삶 속의 삶을 찾아가는 과정)
Search for the way life

문학활동
읽기, 쓰기, 말하기, 듣기
(자기를 표현하는 예술)
Art of Self-Expression

상담, 문학을 만나다

<문학상담의 특수성>
Text 사용(자기 이야기, 문학작품, 활자로 된 삶의 이야기)
1) Text에 대한 자기의 생각, 느낌 정리하기
   (personalizing)
2) Text에 대한 생각, 느낌 발표 및 경청하기
   (Sharing)
3) 자기만의 Text로 만들기(producing)

이라고 생각한다.

　문학상담은 언어예술인 문학활동(읽기 · 쓰기)과 언어를 도구로 하는 상담활동(말하기 · 듣기)을 활용하여 다양한 삶의 양상을 이해하고 분석하여 '자기다움' '나다움'을 탐색하는 상담이다.

　문학활동(읽기 · 쓰기)은 '내담자의 자기표현: 문학작품 활용' '내담자의 자기성찰과 성장: 자기 작품 활용'을 의미한다. 그러므로 문학작품(이미 출판된 다양한 장르의 문학작품, 또는 자기 이야기)의 창조, 분석, 비평을 하는 것이 아니라 문학활동을 통한 자기 인식 · 수용 · 적용 · 실현을 목표로 한다.

　상담자와 내담자가 서로 절대적으로 신뢰하는 상담적 공간에서 문학을 통해 상담 활동의 핵심인 경청 · 공감적 이해 · 인문학적 격려 등을 실행하는 문학상담은 개인의 정체성을 자기의 이야기로 우회적으로 구성해 볼 수 있는 상담 활동이다.

　문학상담은 상담의 일상생활화, 일상생활의 상담화를 기대할 수 있는 창의적이고 자발적인 상담의 한 방법이다.

문학, 상담, 문학상담의 내용과 방법

	내용	방법
문학	다른 사람이 쓴 다른 사람의 이야기	언어(글)로 표현 문학의 원리와 기술: 매체로 활용
상담	내가 말하는 나의 이야기	언어(말)로 표현 상담의 원리와 기술: 현실(여기 그리고 지금)
문학상담	문학 작품 속 이야기 나의 이야기 (문학적 담론 → 상담적 담론) 상담화 과정	상담자의 상담화 과정이 필수 언어활동 활용 (말하기, 듣기, 읽기, 쓰기) 공유하기 체험하기

　문학상담의 방법은 문학작품을 활용하거나 자신의 이야기(서사)를 글로 써서 진행할 수 있으며 두 방법을 동시에 혼용할 수 있다. 문학작품을 활용할 때는 작품 속의 인물들의 상황을 내담자 자신의 형편에 적용해 보면서 시간과 감정의 재경험 및 재해석, 실존적 인간 이해, 앎이 삶이 되는 체험을 할 수 있다. 자신의 이야기를 글로 써서 진행할 때 상담자는 언어활동, 즉 말하기, 듣기, 읽기, 쓰기를 활용하여 내담자가 자신이 잊고 있었던 자신의 참 자아를 찾고, 아울러 자신이 잃어버렸던 자신의 언어를 되찾도록 도와줄 수도 있다.

문학상담의 목표는 '인문학적 인간 이해'와 '인문적 자기성찰'을 통한 인간 존재의 전인적인 성장이다. 그러므로 문학상담의 과정은 '내담자를 어떻게 도와 줄 것인가?'에 대한 기술적이고 부분적인 전통적 상담 관점에서 벗어나 '내담자가 왜 상담을 받으러 왔는가?'라는 근원적이고 총체적인 관점으로 상담의 패러다임을 전환시키려고 노력한다.

  문학상담은 인간중심상담이고 실존적 상담이라고 할 수 있다. 무조건적 수용, 공감, 명료화, 적극적 경청, 상호 신뢰, 진정성, 한결같음 등 인간중심상담에서 추구하는 것을 문학을 이용해서 하는 것이다. 실존적 상담에서 상담자는 내담자의 심리적 삶의 세계에 있는 추상적이고 철학적인 이슈들을 검토하고, 상담의 기술보다 삶과 죽음에 관한 근본적인 문제를 다루기를 선호한다. 다른 말로 하면, 문학상담에서는 인간중심상담과 실존상담에서 추구하는 요소들을 융합하여 문학적으로 상담의 과정과 내용을 이끌어가는 것이다.

  문학상담에는 특별한 매뉴얼이나 정해진 기술은 없으나 문학상담의 과정을 통해서 내담자는 문학작품 속에서 얻은 '시간'과 '감정'과 '자기존재의 의미와 이해에 관한 새로운 인식'에 대한 '앎'을 '삶'의 현장으로 변화시킬 수 있다. 따라서 문학상담은 스스로 하는 상담(self-directed counseling)이 될 수도 있고 더불어 하는 상담(co-operated counseling)이 될 수도 있다. 상담자와 내담자, 그리고 둘의 관계에 따라 창의적인 방법으로 진행되며 결과는 다양하기 때문에 통계적 처리로는 그 결과를 측정할 수 없다.

오랜 경험으로 나는 상담과 문학은 '자기 자신'에게 집중하는 학문이라고 생각해 왔다. 세상에 존재하는 모든 학문이 인간에게 초점을 맞추고 있는 것이 사실이다. 그중에서도 상담은 자기성찰을 통해 자기 자신이 스스로 '진정한 자기 자신'이 되도록 전문적으로 도와주는 섬세한 학문이다. 진정한 자기 자신은 자신의 마음과 타인의 마음, 더 나아가 이 세상의 마음을 바로 읽고 수용하고 실천하는 과정에서 이루어지기 때문에 상담은 시작부터 융합 학문의 성질을 가지고 발전해 오고 있는 학문이다. 21세기, 4차 산업혁명 사이버 시대에 들어서서 모든 사회 현상과 우리 삶의 형태는 놀라울 정도로 크게 변화되고 있다. 그러나 삶의 핵심인 우리의 '마음'은 그리 크게 변화하지 않고 있음에 나는 안도한다. 마음의 형태나 내용은 신비하고 오묘해서 그 본질을 정확하게 표현할 수 없지만 나는 마음의 본질의 중요한 부분은 절대적인 의미의 진선미(眞善美)를 향하는 열정이라고 요약해서 이해하고 있다. 인간의 갈등과 좌절 등 모든 해결하기 어려운 감정의 밑바탕에는 '내 마음을 왜 못 알아주세요'라는 안타까움으로 집결된다고 나는 생각한다. 그 안타까움, 애절함 등을 이해하고 수용하도록 도와주는 것이 상담이고 그 과정을 은유적으로 표현하는 것이 문학이다. 50여 년간 상담을 배우고 가르치면서 살고 있는 나는 미래의 인간의 문제는 '마음을 읽지 못하는 것'에 있을 것이라고 생각한다. 나는 상담과 문학은 같은 뿌리에 있다고 믿고 상담 과정에 문학적인 활동을 활용하면 더욱 깊이 있고 다양한 결과를 가져올 수 있다고 확신한다. 이것이 나의 문학상담의 기본 철학이다. 문학상담의 목표는 인간의 마음과 행동의 섬세한 변화와 성장을 목표로 하는 상담의 테두리 안에서 자기와 타인과 세상을 읽는 마음을 키우기 위해 문학활동, 즉 말하고 듣고 읽고 쓰는 행위를 통해서 자신의 생각과 느낌을 성장시키는 것이다. 그러므로 문학상담은 적극적인 상담 과정이다. 보통의 상담에서는 상담자와 내담자가 말하고 듣는 평면적 언어 공간에서 이루어지지만 문학상담에서는 읽고 쓰는 활동이 더해지는 입체적 언어 공간을 형성하게 된다. 그리고 문학상담에서 중요하게 생각하는 과업은 문학상담 과정에서 이루어진 모든 내용들을 어떤 형태로든지 작품으로 만들어서 자기만의 작품집을 만드는 것이다.

문학상담은 상담의 새 지평을 열어보고자

하는 특별한 시도이지 기존의 상담을 배척하거나 기존의 상담과 전적으로 분리된 특별한 상담이 아니다.

여기서 주목할 점은 '문학적'이라는 표현 속에는 문자 그대로의 문학만을 의미하는 것이 아니라 우리들이 일상생활에서 활용한 언어활동(말하기, 듣기, 읽기, 쓰기)도 포함된다는 점이다. 그러므로 문학상담에서는 문학작품을 활용할 수도 있고 상담자와 내담자가 같이 또는 따로따로 글을 쓰고 읽고 듣고 말하는 언어활동을 통해서도 상담이 지향하고 있는 목표에 도달할 수 있다. 문학상담의 특징은 내용과 과정이 다양하고 방법이 독창적이라는 것이다.

문학상담과 일반적 상담이 구별되는 것은 문학상담에서는 생각과 느낌을 정확한 언어로 문학적인 표현을 하는 데에 좀 더 열중한다는 점일 것이다. 나는 이것을 '문학상담의 예술성'이라고 하고 싶다. 나는 문학상담은 창의적인 예술 활동이라고 생각하기 때문에 문학상담에서는 감성의 울림과 공감이 더 깊을 것이라고 예측한다. 문학상담의 예술적인 독특함과 고유성을 통해 내담자는 깊은 공감, 깊은 이해 등을 포함한 '예술적 체험'까지 할 수 있을 것이다.

인문상담과 문학상담은 전통적인 상담 및 심리치료와는 접근과 목표 면에서 차별화되지만, 상호보완적으로 활용될 수도 있다. 인문상담은 독자적인 인문적 자기성찰, 문학적 자기표현 등을 활용하면서도 근본적으로는 인간의 심리에 대한 기존 지식과 결합하여 시너지 효과를 낼 수도 있다.

인문상담과 문학상담은 내담자의 고뇌(삶의 문제, 정서적 고통)를 진단중심으로 접근하는 것이 아니라 내담자의 가치에 맞추어서 내담자가 자기공개(self-disclosure)를 하도록 도와준다. 이 과정에서 철학적 사유나 질문의 방법을 활용할 수도 있고 문학적 텍스트를 활용하여 정확한 표현력이나 통찰력을 키워줄 수도 있다. 상담자는 내담자의 이야기에 참여하여 해석하고 성찰을 도와줄 수 있으며 내담자의 자기 이해, 문제 대처, 변화 성장에 이르게 할 수 있다(〈표 1〉).

인문상담과 심리상담은 이론적 기반, 주요 목표, 상담자의 역할, 접근 방법, 다루는 문제영역, 내담자 참여 태도, 결과 및 평가에서 비교된다(〈표 2〉).

〈표 1〉과 〈표 2〉는 최규하 교수의 논문인 「인문상담, 문학상담, 철학상담의 구조와 실행방안 고찰」(2025)에서 저자의 허락을 받아 인용하였음을 밝힌다.

〈표 1〉 인문상담과 문학상담에서 다루는 내담자의 고민의 내용 및 접근방식, 목표

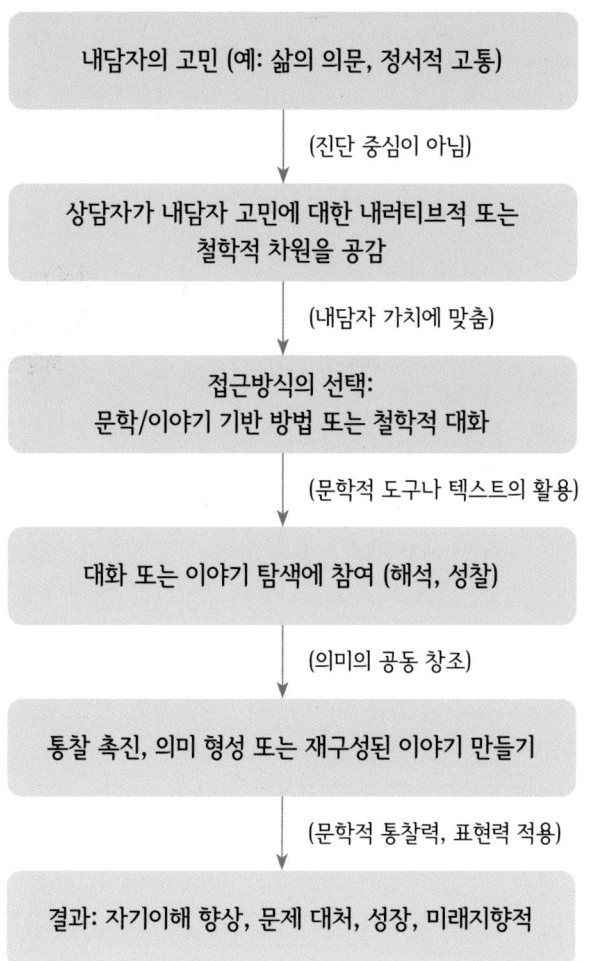

〈표 2〉 인문상담(문학/철학상담)과 심리상담/임상심리의 비교

비교 항목	인문상담 (문학상담 및 철학상담)	심리상담/임상심리 (전통적 상담 및 치료)
이론적 기반	인문학 전통(철학, 문학, 예술 등)에 기반한 인간 이해. 인간의 삶의 의미, 가치, 서사를 중시	심리학 및 의학적 전통에 기반한 정신과학. 경험적 연구와 진단 분류 체계(DSM[1] 등)를 중시
주요 목표	자기 이해와 성찰 증진, 삶의 철학 모색, 이야기 통합을 통한 의미 발견. 증상보다는 **인격 성장과 통합**에 초점	증상 감소와 기능 향상, 문제 행동 교정, 정신병리 치료. **고통 경감과 적응 향상**이 주된 목표
상담자의 역할	**동반자적 탐구자** – 내담자와 함께 질문하고 생각함. 내담자의 철학적·문학적·서사적 세계를 존중하고 필요한 경우 지식 제공. 진단보다는 대화를 통한 이해에 집중	**치료 전문가** – 내담자의 문제를 평가하고 전문기법 적용. 필요 시 정신질환 진단과 치료계획 수립. 상담자–내담자 관계에서도 전문가 대 내담자 역할이 비교적 명확
접근 방법	**대화와 해석** 중심. 소크라테스식 문답[2], 서사구성, 은유 활용 등 **비구조화/맞춤형** 기법 사용. 세션 진행이 유연하며 내담자 주도에 따라 흐름이 달라짐	**구조화된 기법** 활용. 치료 모델(CBT[3], 정신역동치료 등)에 따라 세션 구조와 기법이 일정 부분 정형화. 심리검사, 노출치료, 과제부여 등 체계적인 개입

다루는 문제영역	**삶의 보편적 문제**(존재 의미, 정체성, 윤리적 고민 등) 및 경·중등도 심리문제(우울, 불안 등 일반적 정서 문제). '문제'보다는 '삶의 물음'으로 접근	**정신질환 및 심리장애**(우울증, 불안장애, 조현병 등)부터 일상적 스트레스까지 폭넓게 다룸. 문제를 **심리적/의학적 문제**로 개념화하여 접근
내담자 참여 태도	내담자가 자신의 이야기를 **능동적**으로 풀어내고 철학적 성찰에 참여. 내담자의 자율성과 해결 능력을 신뢰함	내담자는 자신의 증상을 보고하고 치료 지침을 **수동적**으로 따르는 경향(물론 치료 동맹에서는 능동 협력도 중요). 내담자의 전문지식은 고려되지 않음
결과 및 평가	**질적 변화** 강조 – 내담자의 세계관 변화, 가치 명료화, 내러티브 수정 등 삶의 이야기에서 드러나는 변화. 사례연구나 자문화기술지[4] 등으로 평가	**양적 지표** 강조 – 증상 체크리스트 감소, 재발률, 삶의 질 척도 향상 등 객관화된 수치로 평가. RCT 연구 다수

1) DSM: 정신질환의 진단 및 통계편람
2) 소크라테스식 문답: 스스로 답을 찾도록 유도하는 문답
3) CBT: 인지행동치료
4) 자문화기술지: 자신의 경험을 통해 문화나 사회현상을 탐구하는 질적 연구방식

Life in Counseling,
   Counseling for Life

Part 2

상담, 인문상담, 문학상담의 실제

知音의 인문상담 강의:
얄롬의 심리치료와 知音의 인문상담

2010년 3월에 개교한 한국상담대학원대학교는 '인문학에 기반한 인문상담의 구축'을 특수 교육목표로 정하고 상담의 본령을 지키면서 인간의 본질을 연구하는 인문학과 인간의 본질을 실현하는 상담학의 융합을 위한 교과목을 개발하고 다양한 프로그램을 실시하고 있다.

〈Part 2〉에서는 위와 같은 특수 교육목표에 따라 내가 진행했던 3개의 프로그램을 소개하고자 한다. 첫째는 20시간의 특강이었던 〈얄롬의 심리치료와 知音의 인문상담〉, 둘째는 50세 이상의 여성들을 대상으로 12시간에 걸쳐 진행했던 〈知音과 함께하는 문학상담 워크숍: "나의 진짜 모습을 찾아서"〉, 셋째는 6시간에 걸쳐 진행했던 〈知音과 함께하는 인문상담 라운드 테이블: "진짜, 낭만적으로, 행복하게, 나답게" –인문상담과 문학상담을 말하고, 생각하고, 실현하고, 평가하다–〉이다. 나는 이를 통해 삶 속의 상담, 상담 안의 삶의 가능성을 점검해 보고자 하였다.

〈얄롬의 심리치료와 知音의 인문상담〉 프로그램은 한국상담대학원대학교의 인문상담연구소에서 시행했던 인문상담 수련 특강이다. 본교의 재학생, 졸업생, 일반인들을 위하여 2시간씩 총 10회, 20시간 동안 줌(zoom)으로 실시되었다.
　　특강의 목적은 '상담과 심리치료와 인문상담의 상호보완적 시너지 효과 및 일상생활을 위한 상담정신의 훈련'이었다.

　　상담은 심리치료를 지향하고 심리치료는 상담으로 진행되며 목표는 자아의 확립과 타인과의 관계회복을 통해 '자기 자신'을 찾아가는 데에 있다.
　　인문상담은 인간 삶의 의미탐구의 과정으로 '나다운 나'를 찾아가는 여정이다. 인문상담과 전통적인 상담 및 심리치료는 접근과 목표 면에서 나소 차별되지만 과정은 자기인식 → 자기수용 → 자기적용 → 자기실현으로 이어지는 공통점이 있으므로 상호보완적인 시너지 효과를 기대할 수 있다.
　　나는 심리치료와 인문상담은 상호보완적 공동작업(collaboration)을 통해서 특출한 효과를 기대할 수 있다는 확신으로 이 특강을 했다.

　　특강의 교재는 스탠퍼드대학교 정신과 교수이자 심리치료사이며 심리소설가인 어빈 얄롬의 소설『삶과 죽음 사이에 서서(Creatures of a Day)』였다. 이 책에 소개된 10개의 사례가 심리치료와 인문상담의 상호보완적 면을 잘 드러내고 있기 때문이다.

 나는 상담학의 새로운 분야를 찾아가는 것이 인문상담학이라고 생각한다. 이런 나의 생각에 도움을 준 것이『삶과 죽음 사이에 서서』에 나오는 사례들이다.

 특강의 진행은 첫 번째 한 시간은 심리치료의 관점으로 사례를 요약 설명하고, 두 번째 한 시간은 각 사례 속에 함의되어 있는 인문상담의 핵심과 나의 상담에 대한 철학을 강의했다. 강의 내용은 내가 상담교수로서, 상담교육자로서 터득한 상담과 인문상담의 깨달음들에 대한 설명이었다. 강의 재료로서 정리한 요점을 짧은 문장으로 풀어서 정리한 것을 이 책에 그대로 소개한다.

❁ 얄롬의 심리치료 이야기 모음집『삶과 죽음 사이에 서서』

 이 책은 80대의 얄롬 박사가 역시 고령의 환자들을 치료한 10가지 심리치료 이야기를 엮은 것이다. 여기에 담긴 소설들이 지금까지 발표되었던 얄롬의 다른 심리치료 소설과 구별되는 점들이 있다.

첫째, 치료자와 환자들의 특성이다. 치료자인 얄롬 자신이 80대의 고령이고, 얄롬의 저서를 읽고 자발적으로 찾아온 환자들 역시 대부분이 60대 후반~80대 전반의 고령의 전문직 엘리트들이다.

둘째, 고령의 엘리트 집단을 위한 치료의 내용이 특별하다. 80대. 인생의 막바지에 있는 치료자와 고령의 환자의 대화는 주로 어떻게 살아갈 것인가와 어떻게 죽음을 맞이할 것인가에 대한 '삶과 죽음'의 내용으로 집중되어 있다.

셋째, 80대의 치료자 얄롬이 보여 주는 치료자로서의 정직성과 진정성이 특별히 느껴진다. 수년간의 치료 경험을 쌓은 얄롬은 자신의 실패로 끝난 사례를 정직하게 공개하면서 그가 새롭게 깨닫는 심리치료의 오묘함에 대해서 감동한다. 유능한 심리치료사인 그는 이 세상에 완벽한 심리치료는 영원히 불가능할 것이며 모든 사람을 위한 만병통치적인 치료법은 존재하지 않는다고 정직하고 순수하게 고백한다. 이렇게 할 수 있는 것은 그가 쌓아온 치료자로서의 연륜과 무관하지 않을 것이다.

이 책에 나오는 이야기들은 장기가 아닌 단기 치료의 좋은 점들을 보여 주는 스케치들이다. 그 안에 치료과정의 섬세한 부분들이 묘사되었고 모든 사례는 까다로운 질문(죽음, 고독, 소외, 무의미 등)을 던진다.

이 책에 나오는 몇몇 심리치료 이야기들은 죽음에 이른 환자들이 진단받은 병 때문에 고통을 받는 것이 아니라 실존의 문제 때문에 고통을 받고 있다는 것을 보여 준다. 이야기에 나오는 인물들은 모두 하루살이 인생이며 모두가 기억하는 자이고 기억되는 자들이다.

얄롬의 도전은 각각의 환자들에게 고통받는 그들의 삶을 더 좋아지는 삶의 이야기로 바꾸는 데에 있다.

얄롬의 사례에서는 문제의 핵심을 꿰뚫어 보고, 깊이 있게 관찰하고 이해하며, 정확하게 표현하는 치료자의 혜안과 감수성을 볼 수 있다. 불안과 절망으로 쌓였던 환자들은 새로운 통찰을 얻고 눈물을 흘리는 감정을 경험한다. 철학과 문학을 아우르는 인문학적 소양이 남다른 치료자이자 특별한 작가인 얄롬이 쓴 소설이기 때문에 이런 특징들이 있고 그 특징들 속에는 인문상담의 핵심인 철학적 사유와 질문, 문학적 표현과 통찰력이 풍부하게 나타나 있다고 생각한다.

이제 얄롬의 10개의 심리치료 이야기와 이를 통한 인문상담 강의를 살펴보기로 한다.

이야기 #1

 우회된 치료: 증인이 필요한 환자

첫 번째 이야기는 박사학위 논문을 아직도 끝내지 못하고 있는 80대의 '늙은 학생'이 가지고 있는 스승에 대한 의존성을 인문학적 소양으로 극복하게 해 주는 사례이다.

오랜 시간이 지났음에도 박사학위 논문을 쓰지 못하고 있는 80대의 노인 폴은 누구에게서도 이해받지 못하는 혼자만의 아픔과 간절함이 있다. 그의 시적인 재능을 이해해 주고 격려해 주었던 옛 스승에 대한 그리움, 그로부터 받았던 격려를 잊지 못하는 폴. 많은 치료자를 만났으나 그 아픔은 해결되지 못했고 옛 스승처럼 함께 춤을 출 상대자를 찾지 못하고 있다가 얄롬의 책을 읽고 단 1회기의 싱담을 위해 얄롬을 찾아온 것이다.

폴은 환자의 입장임에도 불구하고 치료자 얄롬을 리드하면서 자신이 써 놓은 시를 읽으라고 강요한다. 치료자와 환자의 위치가 바뀐 '우회된 치료'가 진행된다. 그러나 얄롬은 폴의 아픔의 정곡을 찔러서 폴의 마음을 풀어준다.

🌸 인문상담 강의 #1

1. 인문상담은 철학, 문학 등 인문학의 지식을 상담에 활용하여 내담자의 삶의 의미와 정체성 탐구를 돕는 상담의 접근방법이다. 철학적 대화나 문학적 은유를 통해 내담자가 자기 경험을 재구성하거나 의미를 재해석하도록 도움을 준다.

2. 인문상담의 핵심 목표는 단순한 증상 완화가 아닌 내담자의 삶의 통합적 이해와 성찰, 인간다움에 대한 이해를 바탕으로 한다는 점에서 기술 중심 시대를 살아가는 현대인들에게 특히 중요하다.

이야기 #2

🌸 온전히 존재하기: 상실감의 수용

두 번째 이야기의 환자는 비교적 젊은 나이에 사업적으로 성공한 CEO 찰스이다.

찰스는 어려서 아버지를 잃고 성인이 되어서는 자신의 멘토였던 사업 동반자의 갑작스러운 죽음에 압도당하여 경악한다. 더욱 나쁜 것은 그의 멘토가 자살로 자신의 생을 마감했다는 사실이다.

예측 불허의 인생사와 허무함, 고독, 소외 등의 실존적 위기감에 빠져 깊은 상실감에 젖은 찰스는 얄롬을 찾아와서 죽음의 불안에 대해 깊은 철학적인 대화를 나눈다.

치료자 얄롬은 환자를 진단하거나 처방하지 않고 내담자의 가치에 맞추어서 얄롬 자신이 자기공개를 함으로써 통찰을 촉진하고, 의미를 형성하도록 도와준다.

🌸 인문상담 강의 #2

1. 심리치료와 인문상담

	심리치료	인문상담
시작	문제 해결 (상처받은 마음)	문제 발견 (성장하려는 마음)
과정	사례개념화, 구조화 (분석, 제거) Life analyzing	자기인식, 수용, 적용, 실현 (변화, 성장) Life Planning
결과	상호보완	

2. 상담과 인문상담에 대한 나의 신념
- 상담과 인문상담은 인문학이며 사회과학이며 교육학이며 예술
- 상담과 인문상담은 '나와 너와 세상과 일'에 대한 끝없는 물음과 해답의 과정
- 상담과 인문상담은 내가 '나'를 '지금-여기'에서 만나는 과정
- 상담과 인문상담은 삶 속의 삶, 잃어버리고 있었던 나의 언어를 되찾는 작업

이야기 #3

🌸 아라베스크: 사랑의 신기루

세 번째 이야기는 왕년에 라 스칼라의 프리마 발레리나였던 69세 러시아 여인 나타샤의 이야기이다. 그녀는 화려했던 지난날과 영원한 사랑인 그녀의 첫 남편을 그리워하면서 자기를 잃어버리고 살고 있다.

얄롬은 환자의 비현실적인 생각을 죽음과 연결시키면서 새로운 통찰을 얻게 한다.

젊은 시절 결코 평탄치 않았던 삶을 살아온 나타샤는 지금 좋은 남편을 만나 안락한 생활을 하면서 워싱톤 DC와 뉴욕의 박물관, 미술관을 여유롭게 돌아보면서 옛날을 생각한다.

허망한 젊은 날의 사랑의 신기루를 좇으며 현실에 발을 붙이지 못하는 나타샤를 위해 얄롬은 그녀를 여기 지금으로 연결시킨다. 그리고 죽음에 대해 생각하게 한다.

🌸 인문상담 강의 #3

1. 문학상담, 철학상담, 인문상담의 공통점은 인간의 삶(나, 너, 세상, 일)에 대한 연구와 실현이며, 각 상담이 갖는 고유성은 다음과 같다.

- 문학상담: 문학적 표현력과 통찰력을 활용하여 실제로 문학활동(말하기, 듣기, 읽기, 쓰기)을 한다.
- 철학상담: 철학적 사유와 질문을 대화로 실행한다.
- 인문상담: 인문학적 자기성찰(본질적)
  - 나는 누구인가(Who)
  - 나는 무엇을 위해 사는가(What)

  상담학적 자기성찰(실용적)
  - 나는 어떻게 살 것인가(How)
  - 나는 왜 사는가(Why)

2. 인문상담은 삶 속의 삶을 인문학적으로 탐색하는 심리적이고 교육적인 상담과정이다.

이야기 #4

🌸 땡큐 몰리: 불확실성의 원리

네 번째 이야기는 스탠퍼드대학교 방사선과 의사 알빈이 자신이 신통치 않게 생각하고 사이가 좋지 않았던 동생의 죽음을 보고 "그냥 놀랐을 뿐, 기분 좋게 놀랐을 뿐"이라고 느꼈던 자신의 죄책감을 공개적으로 쏟아 내고 싶어서 얄롬을 찾아온다.

알빈의 내부에 존재하고 있는 죽음에 대한 불안을 읽어 낸 얄롬은 그를 더 치료하고자 하나 성공하지 못하고 대신 환자는 치료자가 추천한 가정 도우미에게서 도움을 받게 된 사례이다.

이 사례에는 여러 가지 복합적인 심리적 갈등이 얽히면서 심리치료 과정의 어려움을 보여 준다. 그 과정에서 치료자의 의도가 초점에서 벗어나기도 한다.

얄롬은 자신이 실패한 사례를 솔직히 고백하면서 환자가 어디서 도움을 받을 수 있는지는 자신도 모른다고 고백한다.

치료자는 자신에게 정직하고 순수해야 함을 권면한다.

🌸 인문상담 강의 #4

1. 상담의 힘
- 상담은 인간의 능력을 최대한 개발해 내는 힘과 지혜와 기능을 내포하고 있다.
- 상담은 인간의 잠재능력을 믿고 인간이 존재의 의미를 찾고자 하는 본성을 찾아주며 인간이 자기를 초월하고자 하는 욕망이 있음을 일깨워준다.
- 상담은 인간에게 부여된 능력과 권능을 찾을 수 있도록 도와준다.
- 상담은 개인의 능력, 권력, 이성, 감성, 인문학적 기본 가치에 집중한다.
- 상담은 삶의 본질을 사랑하고 삶의 의미를 탐색하고 삶의 방식을 가꾸어 주는 노력이다.

2. 상담의 언어

상담의 언어는 눈에 보이지 않는 매혹적인 힘으로 내가 '나답게' '인간답게' 살아가도록 나를 이끌어 준다.

- 상담적 언어는 자기 생각을 깊고 넓게 가다듬으면서 말하고 상대방의 마음을 그의 입장에서 이해하면서 듣고 그 말 속에 감추어진 참뜻을 알아차리고 공감하는 넓은 영역을 가진다.
- 상담적 대화는
    - 정서적으로 편안하고 유쾌한 대화
    - 인지적으로 깨달음이 있는 대화
    - 교육적으로 배움이 있는 대화이다.
- 상담은 내담자의 짧은 말(자기의 말을 잃어버리고 있기 때문에) 속에 담긴 긴 이야기(잃어버리고 있었던 자기 이야기)를 상담자가 읽어내고 이해하며 수용함으로써 내담자가 변화하도록 도와주는 전문적인 과정이다.

이야기 #5

🌸 나를 울타리 안에 가두지 말아요: 은퇴의 감옥

다섯 번째 이야기는 자신의 늙음을 인정하지 않으려는 77세의 전문 CEO 에릭의 이야기이다.

젊게 살려고 노력하는 에릭은 자신의 늙음을 인정하지 않고 현실에 적응하지 못하고 있다. 현실에 안주하지 않고 늘 앞으로 전진만 하려는 그에게 세상의 모든 일들이 못마땅하고 불만스럽다. 그는 자기가 살아온 인생이 도전과 성공의 연속임을 자랑하려고 노력한다.

얄롬은 에릭의 내부에 존재하는 죽음에 대한 불안을 직시한다. 얄롬의 자기개방 이야기를 통해 환자는 진정한 삶이란 현재의 순간을 사는 것이라는 통찰을 얻게 된다.

🌸 인문상담 강의 #5

〈상담자의 십계명〉

① 상담적 언어로 샐러드 보울을 만들지 말라.

② 내담자를 쉽게 분석하지 말라.

③ 자신의 전문지식을 남용하지 말라.

④ 오버하지 말라(너무 잘하려고).

⑤ 힘에 부치는 내담자에 집착하지 말라.

⑥ 내담자가 스스로 생각할 수 있도록 기다려주라.

⑦ 내담자의 마음을 읽는 마음을 가지도록 힘쓰라.

⑧ '나다운 나'를 찾도록 힘쓰라.

⑨ '인간다움'이 무엇인지 탐색하라.

⑩ 내가 하는 일에 자부심을 가지라.

이야기 #6

🌼 **당신의 아이들에게 품위를 좀 보여 주세요: 생각이 아니라 행동으로**

여섯 번째 이야기는 패륜아 같은 아들 때문에 비극적인 삶을 살고 있는 간호사 저스틴이 자기가 돌보고 있는 환자에게 던졌던 비웃음이 오히려 환자를 치료해 주었다는 에피소드를 담고 있다.

저스틴은 자신의 환자 에스트리드가 자기와는 딴판으로 행복에 겨운 삶을 살고 있는데도 끊임없이 슬퍼하고 불안해하는 모습을 보이자, 약이 올라서 "당신의 아이들에게 품위를 좀 보여 주세요."라고 귓속말하며 비웃는다.

그런데 비웃음처럼 내뱉은 이 말이 오히려 그 환자에게 큰 위안을 주었다는 이야기에 놀라는 사례이다.

이 사례에는 여러 가지 갈등과 좌절이 있는 에피소드들이 나온다. 치료자 얄롬은 심리치료 과정에서 환자와 치료자가 맺는 치료동맹의 질의 중요성을 일깨워준다.

🌸 인문상담 강의 #6

1. 나의 상담인생

지난 50여 년 동안 상담교수로서 많은 사람의 삶에 대해 연구하고 강의를 해오면서 모든 삶이 가치 있고 아름답고 그 자체가 빛이고 생명의 근원임을 알았다. 그것을 인식하도록 하는 것이 상담의 '핵심'이고 상담의 '힘'임을 믿는다.

이런 상담을 나는 사랑한다.

2. 인문상담의 인간관
- 인간은 생래적으로 그 사람 특유의 잠재적 가능성(potentiality)을 타고난다.
- 인간만이 자기 존재에 대해 의심을 가진다: 나는 누구인가? 무엇을 할 수 있는가? 왜 사는가?에 대해 질문한다.
- 인간만이 자기 초월의 능력을 가진다.
- 인간만이 자기만의 내면 세계(나)를 구축할 수 있는 야망을 가진다.

3. 知音의 상담

'삶'에서 '살림'으로, '사람'에 이르도록 이끌어 간다.

- 삶의 본질을 사랑하는 학문(삶의 본질 = 사람과 일에 대한 사랑과 열정)
- 삶의 의미를 찾아가는 여정(존재의 의미에 대한 의심, 존재의 범위를 초월하는 범위)
- 삶의 방식을 가다듬는 훈련, 노력(언어의 영역을 넓히는 노력: 말하기, 듣기, 읽기, 쓰기)

이야기 #7

🌸 과거가 더 좋았을 것이란 소망을 버려야 해요: 어두움에서 벗어나기

일곱 번째 이야기는 물리학 실험실 기술자로 60세 생일을 맞으면서 새로운 삶을 계획하는 여성 샐리의 사례이다.

샐리는 열세 살 때는 아버지로부터, 20대에는 연인으로부터 받은 상처 때문에 과거에 얽매이는 것을 두려워하고 현실을 직시하지 못하면서 갈등한다.

치료자 얄롬은 환자에게 버리지 못하는 과거가 더 좋았을 것이란 헛된 소망을 버리라고 권유한다.

환자는 마침내 얄롬의 조언의 뜻을 제대로 이해하고 소망을 갖게 되는 반전의 효과를 보게 된다.

🌸 인문상담 강의 #7

1. 상담을 통해 얻는 마음의 변화와 성장은 고난 뒤에 오는 성장, 고통을 통해서 얻어지는 열매이다.

2. 이야기로 진행되는 상담의 단계
   - 상담(傷談): 내담자의 상처받은 이야기(인간적인, 나다운 대접을 못 받은 억울함, 분노, 말하기의 어려움과 구차함)로 시작하여,
   - 상담(詳談): 상담자가 내담자의 이야기를 자세히 듣는 과정(듣기의 괴로움, 안타까움)을 거치면서,
   - 상담(相談): 상담전문가의 상담, 즉 경청과 수용, 이해, 격려, 경험의 재경험, 의미해석의 재해석 등 전문가적 도움을 상호 수렴하면서,
   - 상담(尙談): 상담적 대화의 과정을 거쳐 변화와 성장을 향한 차원을 달리하는 미래지향적인 이야기로 이끌어 간다.

이야기 #8

🌸 불치병을 내버려 두세요: 죽음의 선구자

여덟 번째 이야기는 불치병과 싸우면서 나머지 삶을 냉정하게 살아가는 63세 여성 엘리의 사례이다.

얄롬은 환자에게서 치료비를 받는 대신 환자에게 매 회기의 요약문을 쓰라고 부탁하고 자신도 요약문을 써서 교환하는 창의적인 치료 방법을 사용한다.

환자 엘리는 본인의 삶과 죽음에 대해서 깊은 사색의 과정을 거치면서 죽음에 대한 놀라운 통찰력을 얻게 되고 이를 치료자인 얄롬에게 전달한다.

그러나 얄롬은 자기 일에 얽매여서 환자의 글을 제대로 읽지 못했음을 자책하면서 환자의 고통이 자신의 고통이 아님에 위안을 받고 있는 자신의 마음에 놀란다.

이 사례에서는 치료자가 환자의 고통이 자기의 고통이 아님을 다행으로 여기는 이기적인 마음을 정직하게 표현하는 것에서 치료자로서의 인간적인 성실함, 진정성이 돋보인다.

🌸 인문상담 강의 #8

1. 인문상담, 문학상담의 개념과 구조

〈인문상담〉

- 철학, 문학 등 인문학의 지식을 상담에 활용하여 내담자의 삶의 의미와 정체성 탐구를 돕는 상담 접근이다.
- 철학적 대화나 문학적 은유를 통해 내담자의 자기 경험에 있어서 새로운 이해와 의미 재구성에 도움이 된다.
- 과거부터 내러티브 치료, 독서치료(비블리오테라피), 철학적 상담 등의 형태로 존재한다.
- 핵심 목표는 단순한 증상 완화가 아닌 내담자의 삶의 통합적 이해와 성찰이다.
- 인간다움에 대한 이해를 바탕으로 한다는 점에서 기술 중심 시대에 특히 중요하다.

〈문학상담〉

- 문학작품이나 서사적 글쓰기를 통해 정서 치유와 자기이해를 돕는 상담 형태이다.

- 소설, 시, 신화와 같은 이야기 자료 활용 → 내담자의 자기표현 → 서사를 통한 자기성찰과 성장
- 내담자는 책 속 인물의 경험에 공감하거나 자신의 삶을 이야기로 표현하면서, 억압된 감정을 인식하고 새로운 자기서사(self-narrative)를 생성한다.
- 고통스러운 경험을 직접 마주하기 어려운 내담자에게 우회적으로 접근할 수 있는 은유와 상징을 제공 → 트라우마로 인한 심리적 상처를 다룰 때 효과적이다.
- 정서적 혼란이나 경미한 우울 등에 유용하다.

이야기 #9

🌸 세 번의 울음: 과거에 명명(命名)하기

아홉 번째 이야기는 섣불리 행하는 치료자의 진단이 얼마나 환자를 왜곡할 수 있는가를 경고하는 1회기의 짧은 사례이다.

주정부(州政府) 임상심리사 자격증을 딴 헬레나는 과거 그녀의 남자친구였던 빌리의 부음(訃音)을 듣고 얄롬을 찾아와 단회기의 상담을 하면서 세 번의 울음을 운다.

첫 번째는 자신과 함께 누렸던 젊은 시절의 빌리의 행복한 모습이 임상심리사의 눈으로 다시 보니까 조울증 환자의 증상이었을 것이라는 진단으로 모든 것이 슬퍼져서 운 것이다.

두 번째는 빌리가 자기에게 보낸 사랑과 이별의 아픔을 담은 이메일이 사실은 동창들 모두에게 보냈던 것임을 알고 그의 배신에 대한 울음이었다.

세 번째는 자신과 동갑인 빌리의 죽음이 곧 자신의 죽음을 예고한다는 사실을 깨닫고 운 울음이었다.

치료자 얄롬은 환자가 겉으로 보여 주는 증상만으로 환자를 진단하는 현대 의학의 편협성은 환자를 전체적인 인간으로 이해하지 못한다고 지적한다. 그리고 보험회사의 규제조항이나 지시사항의 냉혹함에 대해서도 우려한다.

🌸 인문상담 강의 #9

1. 인문상담은 창의적이고 적극적이며 자기주도적인 실용적 상담 방법이다.
   인문상담의 목표는 '나'와 '너'와 '세상'과 '일'에 대해 인식하고 수용하고 적용하고 실현하여 나다운 삶을 인간답게 살도록 도와주는 것이다.

2. 인문상담은 인간의 본질을 연구하고 실현하도록 도와주는 상담활동이며,
   학문적인 결과(정신노동)를 활용하는 실용적인 활동이다.
   그러므로 '인문상담학'이라 하지 않고 '인문상담'이라 칭한다.

3. 상담의 최종, 최고의 목표는 '나다운 나' '인간다운 나'로 성장해서 '내가 바라는 삶' '내가 보람을 느끼면서 사는 삶'을 살아가도록 도와주는 데에 있다.

이야기 #10

🌸 하루살이 인생

 열 번째 이야기는 자기가 원하고 있는 삶을 살고 있지 못한다는 갈등에 쌓인 피부과 의사 제로드와 큰 회사의 CEO인 앤드류가 옛 현자 마르쿠스 아우렐리우스의 명상록을 읽으면서 각자가 살고 있는, 또는 살아야 할 인생에 대해 새로운 통찰을 얻게 되는 창의적인 치료 방법의 효과를 보여 주는 사례이다.
 얄롬의 환자 제로드와 앤드류. 피부과 의사와 큰 회사의 CEO. 이들은 사회적으로 성공한 전문직 종사자들이다. 똑같이 얄롬의 치료를 받고 있으면서도 치료의 진전 과정이나 치료자와의 관계의 질이 판이하다.
 치료자는 환자를 올바로 인식하고 그에게만 적용되는 맞춤형 치료법을 연구하는 것이 필요함을 강조하고 있다.

🌸 인문상담 강의 #10

1. 인문상담자의 자세
- 상담의 깊은 뜻을 서서히 마음에 새기도록 한다.
  - 상담은 삶의 본질을 사랑하는 학문
  - 상담은 삶의 본질을 실현하는 활동
  - 상담은 삶의 본질을 장식하는 훈련
- 인문학적 자기성찰을 계속하도록 한다.
  - '나'와 '너'와 '세상': 그대들, 어떻게 살 것인가?
  - '나': 나는 어떻게 살 것인가?

2. 특강을 끝내면서 다음과 같은 상담의 진수(眞髓)를 다시 확인한다.

"상담의 최종, 최고의 목표는 '나다운 나' '인간다운 나'로 성장해서 '내가 바라는 삶' '내가 보람을 느끼면서 사는 삶'을 살아가도록 도와주는 데에 있다."

"상담은 단순한 기술적 개입이나 문제 해결의 도구가 아니라, '삶' '사람' 그리고 '나'에 대한 사랑을 바탕으로, 치료자와 환자(상담자와 내담자) 간의 진정성 있는 인간적 만남을 통해 삶의 의미를 함께 찾아가는 여정이다."

知音과 함께하는 문학상담 워크숍
"나의 진짜 모습을 찾아서"

한국상담대학원대학교 인문상담학연구소에서는 연수 프로그램으로 〈知吾과 함께하는 문학상담 워크숍: 나의 진짜 모습을 찾아서〉를 총 4회기(3시간씩 4주)의 일정으로 진행하였다. 프로그램의 목적과 실행 방법은 다음과 같다.

1. 50세 이상의 중·노년기 여성들이 지금까지의 삶을 돌아보면서 '나'는 누구이며 '너'는 또 누구이며 '나'와 '너'가 살고 있는 이 '세상은 어떤 곳인가?'라는 주제에 대해서 스스로 생각하고 이야기를 나눈다. 그러면서 '나의 진짜 모습'을 찾아서 워크숍 형식의 집단 문학상담을 진행한다.
2. 집단 문학상담 워크숍은 공동의 주제를 가지고 문학적인 특성(표현력, 통찰력)을 활용하는 집단상담의 형태(공감, 공유, 경청, 자발적 참여, 피드백 주고받기 등)로 진행된다.
3. '나'와 '너'와 '세상'을 인식, 수용, 적용, 실현하기 위한 문학상담 워크숍은 다음과 같은 문학상담 mini 강의와 문학상담 실습으로 구성된다.
    - 문학상담 mini 강의: 상담과 심리치료 및 문학상담의 이론과 실제에 대한 짧은 강의

- 문학상담 실습:
  ① 문학활동으로는 문학작품과 참가자들의 글을 읽고, 말하고, 듣고, 쓰기
  ② 상담활동으로는 문학활동의 내용을 재음미, 재해석, 공유, 공감 등 체험하기

4. 이 워크숍은 3시간씩 총 4회기(12시간)로 진행되며 다음의 주제들을 다룬다.
   - '나'와 '너'와 '세상'을 인식하고 수용하고 적용하고 실현하는 문학적인 상담을 이해하고 훈련하는 현장실습
   - 워크숍 #1의 주제: "이게 진짜 나예요(It's Me)"
   - 워크숍 #2의 주제: "당신은 나의 태양(You're My Sunshine)"
   - 워크숍 #3의 주제: "너와 나의 참 만남을 위하여(For the Authentic Encounter with You)"
   - 워크숍 #4의 주제: "나의 이야기는 나의 삶(My Story is My Life)"

워크숍 #1

🌸 주제: "이게 진짜 나예요(It's Me)"

〈워크숍 소개〉

　세계경제포럼의 창시자 클라우스 슈밥이 2015년에 주창한 '4차 산업혁명 시대'라는 명칭은 낯설지 않게 많이 듣고 있지만, 실생활 속에 파고 들어오는 4차 산업혁명의 물결은 중·노년기에 들어선 여성들을 놀라게 하고 있다. 키오스크, 빅데이터, 3D 프린터, 초연결 등등의 알 수 없는 단어들의 범람은 너무 엄청나서 우리들 50+ 여성들을 정신 차릴 수 없게 하고 있다. 이렇게 급변하는 세상의 흐름 속에서 인간이 만들어 낸 '4차 산업혁명 시대'의 총아(寵兒)인 '신인류 AI'가 발휘하는 위력에 눌려서 AI를 만들어 낸 인간이 오히려 AI의 지배를 당하게 될지도 모른다는 무시무시한 상상을 하면서 중·노년기의 우리는 우울한 무력감에 젖어 있다. 그동안 참 열심히 살아온 우리의 삶이 외면당하고 버림받고 있는 듯한 서글픔과 배신감, 우리가 쌓아오고 지켜오던 가치관과 윤리관이 훼손당하고 있는 듯한 허무감을 느끼면서도 이 감정을 누구와 이야기라도 하면서 어떻게 처리해 볼 수 있을까 남몰래 고민하게 된다.

〈知音과 함께하는 문학상담 워크숍〉은 이런 중·노년기 이상의 여성들을 위한 집단상담 모임이다. 워크숍 프로그램은 '나'와 '너'와 '세상'의 진짜 모습과 그동안 잃어버리고 있었던 소중한 것들과 필요도 없이 간직하고 있는 버려야 할 것들과 길이길이 남겨야 할 보물들을 찾아보고 '나'와 '너'가 만들어 가고 싶은 아름다운 진짜 '세상'에 대한 진실한 꿈을 키워보고자 하는 로망 속에서 계획되었다.

〈문학상담 mini 강의 #1〉
1. 문학상담의 정의
   문학상담은 문학적으로 하는 상담
   문학으로 상담하기(문학활동 + 상담활동)
   상담으로 문학하기(상담활동 + 문학활동)

2. 문학상담: '나' '너' '세상'에 대한 인식 → 수용 → 적용 → 실현
   핵심주제: 인간과 인간관계, 인간다움

3. 문학상담 워크숍: 자기개방 → 자기해석 → 자기확립

태어남(born), 자라남(being), '나'로 됨(becoming myself), 나다운 행복한 삶(happy life)

⟨문학상담 실습 #1⟩
1. 말하기: 자기소개를 하고, 워크숍에 대한 기대를 말해 본다.
2. 글쓰기: '너 왜 그래?' '내가 가장 잘하는 것은 무엇인가?' '나를 더 나은 존재로 만드는 나의 내적 자원을 찾아서' '쓸데없는 우월감과 열등감' '어린 시절의 나를 괴롭히던 것들' '나의 성장을 방해하는 것은 무엇인가?' 등의 소제목으로 간단한 글을 써 본다.

⟨정리⟩
　50세 이상 여성들의 자기 이야기와 감정을 공유하고, 공감하고 싶은 의욕에 대하여 나누는 시간이었다. 참여자들 모두 좋은 상담자가 되는 훈련을 쌓고자 하는 열정이 컸고, '문학상담'의 실제를 공부하고자 하는 학구열이 대단하였다.
　글쓰기 실습은 주어진 주제가 너무 추상적이고 다양해서 짧은 시간에 정리하기에는 부적절했다. 그러나 자신의 생각을 잠시 동안이라도 글로 써 보는 연습은 자기성찰, 자기수용, 자기적용, 자기실현의 기회를 제공했다고 생각한다.

워크숍 #2

🌸 주제: "당신은 나의 태양(You're My Sunshine)"

〈워크숍 소개〉

우리는 사람끼리 깊이 사랑한다.

사람은 서로 간에, '나'와 '너'와 나와 너가 함께 만들어 가는 '세상'이 '아름다운 존재'라는 긍정과 사랑과 관용으로 살아가고자 한다.

나이가 들면서 인간에게는 자기 성숙의 의무와 권리가 있으며 그것을 위해 나와 너와 우리가 함께 만들어 가는 세상을 인식하고 수용하면서 실현하기 위해 노력해야 한다.

'나'를 나답게 만들고 '나'를 키우면서 '나'를 가치 있게 가다듬을 수 있도록 나에게 '삶의 의미와 행복'을 준 사람, "당신은 누구십니까?"를 찾아보는 시간이다.

〈문학상담 mini 강의 #2〉

해자(解字): 상담(相談), 아(我)에 대하여 알아보고, 공유하기

① 상담(相談)

- 相 = 木 + 目

  나무를 바라보는 눈. 나무는 서서히 자란다. 좋은 땅, 좋은 햇빛, 좋은 비료 등 좋은 환경에서 나무는 궂은 비바람을 견디며 곧게 바르게 튼튼하게 충실하게 자란다.

  나무가 자라는 모습을 바라보는 눈은 재촉하지 않는다. 자기 마음대로 휘두르지 않는다. 나무에게 필요한 환경을 제공해 준다.

- 談 = 言 + 火 + 火

  상담은 두 사람(상담자와 내담자)이 말로 하는 과정이다.

  내담자는 자기의 상처받은 이야기(傷談)를 말로 어렵게 한다(말하기의 어려움).

  상담자는 내담자의 상담(傷談)을 자세히 듣고 말한다(詳談)(듣기의 어려움).

  좋은 상담(尙談)을 하면서 두 사람은 서로 불의 따스함과 열정을 나눌 수 있다.

- 상담적 언어: 생각하게 하는 말, 느끼게 하는 말, 재해석과 재경험을 할 수 있게 하는 말, 진심으로 하는 말

② 아(我)
- 我 = 手(손) + 戈(창) → 손에 창을 들고 현실에 대처하고 있는 나. 현실은 잠재적인 불안, 위협, 좌절 등 '나'를 공격하려고 하는데 이때 방어기제(defense mechanism)를 활용한다.

〈문학상담 실습 #2〉

1. 정지용(1902~1950) 시인의 '호수'와 미국의 심리학자 클라크 무스타카스(Clark Moustakas, 1923~2012)의 '침묵의 소리'를 읽고 서로의 느낌을 공유한다.
2. 자신이 '보고 싶은 얼굴' '존재의 언어로 만나고 싶은 사람'에 대한 소감을 짧은 글로 써 본다.

호수

얼굴 하나야
손바닥 둘로
폭 가리지만

보고 싶은 마음
호수만 하니
눈 감을밖에

— 정지용

침묵의 소리

존재의 언어로 만나자
부딪침과 느낌과 직감으로

나는 그대를 정의하거나 분류할 필요가 없다
그대를 겉으로만 알고 싶지 않기에
침묵 속에서 나의 마음은
그대의 아름다움을 비춘다
그것만으로도 충분하다

소유의 욕망을 넘어
그대를 만나고 싶은 그 마음
그 마음은
있는 그대로의 우리를 허용해 준다

함께 흘러가거나 홀로 머물거나 자유다
나는 시간과 공간을 초월해
그대를 느낄 수 있으므로

-클라크 무스타카스-

〈정리〉

10명의 중·노년 여성 참가자들이 자기 생각과 느낌을 자유롭고 편안하게 나누는 시간이었다. 스스로 생각하고 함께 이야기하기 위해 두 번째로 모였는데 모두 정확하게 시간을 지켜 출석했고 신선하고 기대에 찬 얼굴들, 자연스럽고 즐거운 분위기였다. 참가자들이 말하는 '태양'은 '하나님' '나의 두 아이들과 돌아가신 아버지' '남편' '나의 셋째 언니' '나의 마음' '나의 가치관' '그리움' '나의 일생' '마음' '나' 등이었다.

집단의 역동을 체험하려면 더 긴 시간이 필요함을 실감했다.

워크숍 #3

🌼 주제: "너와 나의 참 만남을 위하여(For the Authentic Encounter with You)"

〈워크숍 소개〉

살아갈 날이 살아온 날보다 훨씬 줄어든 '지금, 여기'에서, 나의 인생을 가꾸어 가는 연습을 하면서….

'진짜 나의 모습'과 '진짜 나를 지탱해 준 당신의 모습'을 되살려보면서 더욱 절실하게 생각되는 것은, 내가 나의 마음을 올바로 정확하게 읽을 수 있도록 마음을 다듬어가는 훈련이 필요하다는 것.
'너와 나의 참 만남'은 결국 '내 마음속에 있는 여러 개의 나'를 참으로 만나는 것.

너무 심각하게, 철학적으로 생각하지 말고, 그렇다고 너무 가볍게, 어린애처럼 생각하지도 말고, 나와 함께 기쁨과 슬픔을 진정으로 나눌 수 있는 소박하고 편안한 진정한 나를 생각하면서 내가 쌓아온 인생의 갈피갈피를 정리해 본다.

   50세 이상의 중·노년 여성들. 50년 이상을 살아왔지만, 매일매일 이 초행(初行) 같은 인생길.
   새로운 눈과 새로운 마음으로 보이고 느껴지는 나와 너와 세상, 그리고 일.
   그 속에 서려 있는 깊고 깊은 생각과 느낌들… 그 안에 담겨 있는 내가 잊어버리고 잃어버리고 있었던 아름답고 순수하고 착한 본성을 찾는 일… 그것이 보람 있는 일 아닐까?

〈문학상담 mini 강의 #3〉

상담과 심리치료와 인문상담

1. 상담(相談)

相談 ➡ 傷談(말하기) → 詳談(듣기) → 尙談(읽기, 쓰기) ➡ 나다움, 인간다움

傷談: 〈나〉와 〈너〉가 〈세상〉으로부터 상처를 받은 이야기 → '말하기'의 어려움
〈나〉와 〈너〉가 〈세상〉답지 않은 언행 / 공감 · 이해 · 수용 · 예절이 결여된 언행
억눌려 있던 이야기(하고 싶으나 하지 못했던 이야기), 억울하고 슬픈 말, 원한과 혐오에 찬 말 → 희로애락이 담겨 있는 말(현재의 문제)
詳談: 경청(제3의 귀로, 마음으로) → '듣기'의 괴로움
무조건적 수용, 이해와 존중, 열의와 신뢰
尙談: 자기인식, 자기수용, 자기실현, UPGRADE 대화 → 읽기, 쓰기의 외로움과 어려움

2. 심리치료

심리검사(객관적 검사, 투사적 검사 등) → 임상적 해석 → 相談 ➡ 나다움, 인간다움

3. 인문상담

| 相談 → 인문학적 성찰과 표현 ➡ 나다움, 인간다움 |

| 상담과 심리치료와 인문상담의 근본은 '相談' |

상담
성장 · 변화
(일상생활의 다양한 문제들)
- 인간관계에 초점
- 교육적 방향
- 예방적 방향
- 긍정적 · 미래지향적 전망

심리치료
교정 · 치료
(심각한 심리적 문제들)
- 심리적 문제에 초점
- 심리검사를 통한 진단
- 교정과 치료에 중점
- 임상적

인간(나)
인간관계(너)
일(세상)

나다움
인간다움

인문상담
(인문학적 자기성찰)
- 철학적 사유와 질문
- 문학적 표현력과 통찰력

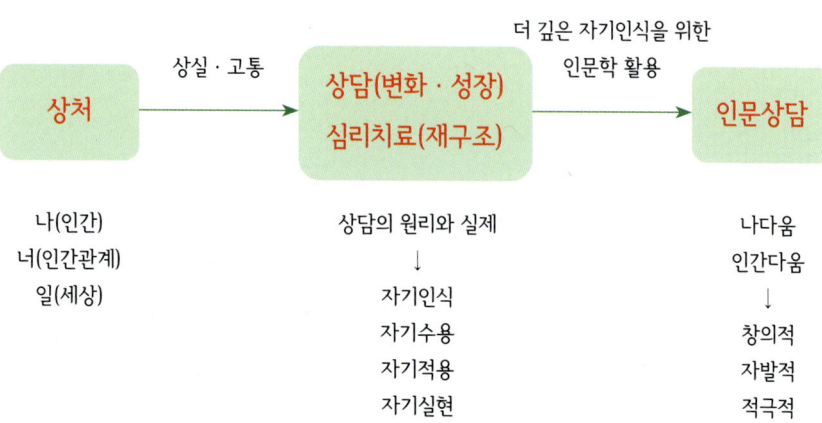

〈문학상담 실습 #3〉

'겸손의 기도문'(메리 델 발 추기경[Merry del Val, 1865~1930]의 '오! 마음이 겸손하시고 온유하신 주여'를 소설가 최인호가 시로 써서 1992년 1월호『샘터』에 게재])을 읽고 대구(對句)를 적어본다.

존경받고 싶은 욕망에서 저를 해방하소서 (   )
사랑받고 싶은 욕망에서 저를 해방하소서 (   )
칭찬받고 싶은 욕망에서 저를 해방하소서 (   )
인기를 얻고 싶은 욕망에서 저를 해방하소서 (   )
대우받고 싶은 욕망에서 저를 해방하소서 (   )
위로받고 싶은 욕망에서 저를 해방하소서 (   )
인정받고 싶은 욕망에서 저를 해방하소서 (   )
천대받을까 두려워하는 마음에서 저를 해방하소서 (   )
업신여김을 받을까 두려워하는 마음에서 저를 해방하소서 (   )
헐뜯음을 당할까 두려워하는 마음에서 저를 해방하소서 (   )
잊혀질까 두려워하는 마음에서 저를 해방하소서 (   )
조롱당할까 두려워하는 마음에서 저를 해방하소서 (   )
의심을 받을까 두려워하는 마음에서 저를 해방하소서 (   )
모든 이에게 모든 것이 되기 위해서 저를 해방하소서 (   )

〈정리〉

참여자 모두 짧은 시간이었지만 자신들의 '욕망'과 '두려워하는 마음'을 정리하는 좋은 시간이었다.

워크숍 #4

🌸 **주제: "나의 이야기는 나의 삶(My Story is My Life)"**

〈워크숍 소개〉

50여 년을 살아온 지금, '나답게 사는 삶'을 새삼스럽게 생각하는 것은 어색하다.

그러나 "나는 과연 나답게 살아왔는가?" "나답게 산다는 것은 무엇인가?"

새삼스럽지만, 남은 인생을 위하여 '나답게 사는 삶'을 생각하는 것은 의미 있는 일이다.

〈문학상담 mini 강의 #4〉

1. 인문(문학)상담은 '나'와 '너'와 '세상'과 '일'을 인식(aware), 수용(accept), 적용(apply), 실현(actualize)하면서 '나다움' '인간다움'을 찾아가도록 도와주는 실용적인 학문이다.

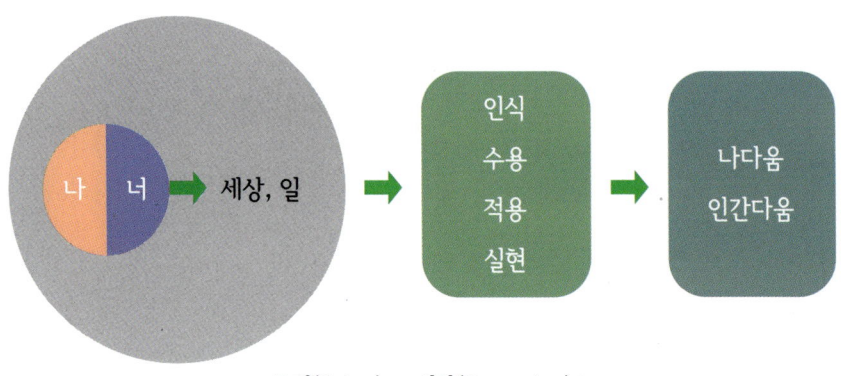

존재(Being) → 성장(Becoming)
A Human Being → Being A Human

2. 상담자는 내담자로 하여금 자기 집에 있지만 한 번도 들어가 보지 못한 방문을 열어보게 하고 갇혀 있는 날개를 발견하게 하는 '동행자'이며, '격려자'의 역할을 하는 '노력하며 성장하는 개인'이다.

3. 내담자는 '되고 싶은 자기'가 되어서 '하고 싶은 일을 제대로 하는 의욕과 소망'을 가진 '고뇌하며 성장하는 개인'이다.

4. 문학 · 철학 · 인문상담
- 공통성: 인간의 삶(나, 너, 세상에 대한 인식과 수용과 실현)을 다룬다.
- 고유성: 각각은 다음의 고유성을 가진다.
    - 문학: 표현, 다양한 형상, 문학적 표현과 통찰
    - 철학: 본질 탐색, 개념과 정의, 철학적 사유와 질문
    - 상담: 개인의 삶의 의미, 변화와 성장, 심리학, 교육학, 사회학 등의 융합학문
    - 인문상담: 인문학적 자기성찰(인문학적 기초 가치, 최고 가치)
          → 본질적
          상담학적 자기성찰(공감, 배려, 재해석) → 실용적

5. 인문상담에 대한 이해: 인문상담은 삶 속의 삶을 인문학적으로 탐색하는 심리적이고 교육적인 상담 과정이다.

⟨문학상담 실습 #4⟩

에머슨의 시 '성공이란 무엇인가?'를 읽어본 뒤 '나의 이야기는 나의 삶'에 대해서 글을 써 본다. 그런 뒤 서로 공감, 공유하는 시간을 가진다.

성공이란 무엇인가?

많이 그리고 자주 웃는 것

현명한 사람들에게 존경을 받고
아이들에게 사랑을 받는 것

정직한 비평가로부터 찬사를 얻고
잘못된 친구들의 배신을 견뎌내는 것

아름다움의 진가를 알아내는 것

다른 이들의 가장 좋은 점을 발견하는 것

건강한 아이를 낳든

작은 정원을 가꾸든
사회 환경을 개선하든
세상을 조금이라도 더 좋은 곳으로 만들고 떠나는 것

당신이 살아있었기 때문에
단 한 사람의 인생이라도
조금 더 쉽게 숨 쉴 수 있었음을 아는 것

이것이 진정한 성공이다.

-랄프 왈도 에머슨

〈정리〉

　50년 이상을 살아온 여성들의 삶에 새겨진 영광과 좌절과 환희와 절망들은 다양하고 다채로웠다. 이들에게는 자유롭고 안전한 '수다의 광장, 수다의 시간'이 필요함을 절실히 느꼈다.

- 삶의 방식: 나답게 살아가는 것
  　　　　내가 진정으로 좋아하고 잘하는 것을 당당하고 기쁘게
  　　　　맑고 향기롭게
  　　　　부드럽고 강하게
  　　　　자유롭고 고독하게
  　　　　조용하고 우아하게
  　　　　기쁘고 열정적으로

〈知吾과 함께하는 문학상담 워크숍: "나의 진짜 모습을 찾아서"〉는 중·노년기의 여성 참가자들이 자기의 생각과 느낌을 자유롭고 편안하게 나눌 수 있었던 좋은 기회였다. 그들의 생각과 마음을 표현한 많은 글은 '삶 속의 상담, 상담 안의 삶'의 실현 가능성을 보여 주었다.

知音과 함께하는 인문상담 라운드 테이블

"진짜, 낭만적으로, 행복하게, 나답게"
― 인문상담과 문학상담을 말하고, 생각하고, 실현하고, 평가하다―

한국상담대학원대학교 인문상담학연구소에서는 인문상담 전공생들을 위해 〈知音과 함께하는 인문상담 라운드 테이블〉 자리를 2회에 걸쳐 마련하였다.

'라운드 테이블'은 특정한 토론이나 회의 형식 중 하나로서 참석자 전원이 동등한 위치에서 자유롭게 의견을 교환하는 구조이다. 상하 관계에 구애받지 않고 자유롭게 소통하는 것을 원칙으로 하며, 상호 질문과 응답으로 이루어진다. 심층적 토론이 가능하며 특정한 주제에 대한 다양한 관점을 교환한다.

知音과 참여 학생들은 "진짜, 낭만적으로, 행복하게, 나답게" 인문상담에 대해서 말하고 생각하고 실현하고 평가했다.

앞에서 다룬 내용들과 다소 중복되는 부분이 있더라도 인문상담자 교육 자료로 활용할 수 있을 것이라는 희망을 가지고 여기에 내용을 정리했다.

> 라운드 테이블 #1
> '인문상담, 문학상담'을 말하고, 생각하다

 토의 주제들

1. 인공지능의 시대

　　결국은 인간이다.
　　결국은 인문상담이다.

　인공지능의 시대, 인공지능을 활용하는 것은 결국 인간이다.
　인공지능의 시대를 살아갈 수 있는 인간은 나답게, 인간답게 사는 인간이다.
　변화를 피하지 않고 마주하는 마음가짐,
　변화를 마주한 경험 속에서 학습하는 마음가짐,
　그것이 나답게, 인간답게 사는 길이다.
　변화를 피하지 말고 마주하는 마음가짐을 갖도록 도와주는 것이 상담자의 역할이요,

변화를 마주한 경험 속에서 그 경험을 재해석하고 그 의미를 재음미하도록 도와주는 것이 마음을 읽는 마음이고 상담의 핵심이다.

'인간다움'을 추구하는 인문학에 기반한 새로운 상담 방향, 그것이 '인문상담'이다.

인문상담의 목표는 '나'와 '너'와 '일'과 '세상'에 대한 인식, 수용, 적용, 실현이다.

인공지능 시대에 철학적 사유와 질문을 활용하는 철학상담과 문학적 표현력 및 통찰력을 활용하는 문학상담이 상담의 하나의 새로운 방향을 제시할 수 있기를 기대한다.

2. 상담은

삶의 본질을 사랑하는 학문이다.
삶의 의미를 찾아가는 과정이다.
삶의 방식을 가다듬는 노력이다.

삶의 본질: 사람과 일에 대한 사랑과 열정
　　　　　나의 존재 의미를 찾아 나답게 사는 것
삶의 의미: 나와 너와 세상에 대한 4A

– 인식Aware(ing), 수용Accept(ing),
적용Apply(ing), 실현Actualize(ing)

삶의 방식: 나답게 사는 길을 다듬어 가는 노력

삶은 현재진행형: 변화와 성장

3. 삶의 여정으로서의 상담

삶(태어남) → 살림(자라남) → 사람(튼튼해짐) → 나(만듦)
A human being → Being a human → Becoming myself → Actualizing

'삶'이란 글자 속에는 '살림'과 '사람'이 들어 있다.

인문학 → 삶의 본질을 연구하는 학문 → 인간다움
상담학 → 삶의 본질을 실현하는 학문 → 인간다운 나의 삶
인문상담 → 인간다운 나의 삶을 실현할 수 있도록 도와주는 힘과 용기와 지혜를 주는 실용적인 활동

4. 융합 학문으로서의 상담

- 상담은 과학이 되려고 진통을 겪고 있는 예술의 하나
    - 과학: 사회과학적인 연구방법
    - 예술: 자기표현

- 상담의 핵심 질문: 내담자가 어떻게 변화하게 되는가?
  다양한 분파를 관통하여 핵심적으로 수렴되는 원리 → 정상과학 (normal science)
  분파가 많이 이루어진 학문 → 패러다임 형성 이전 학문(pre-paradigmatic science)

  – 토마스 쿤(1970), 『과학혁명의 구조』

- 너와 일과 세상: 그대들, 어떻게 살 것인가?
  나: 나는 어떻게 살 것인가?

5. 인문상담과 문학상담

인문상담과 문학상담을 정리하면 다음과 같다.

- 인문상담 = 인문학 + 상담학
  - 인문학: 삶의 본질을 연구하는 학문-인간다움
  - 상담학: 삶의 본질을 실현하는 학문-나다움
  - 인문상담: '인간다운 나'답게 살아갈 수 있도록 도와주는 창의적이고 적극적인 상담

- 문학상담 = 문학활동 + 상담활동
  - 문학: 인간의 사상이나 감정을 언어로 표현하는 예술
  - 문학상담: 인문상담의 과정과 내용에 문학적인 특성을 살려서 문학적으로 하는 상담
  - 문학활동: 말하기, 듣기, 읽기, 쓰기
  - 상담활동: 경청, 이해, 수용, 공감
  - 문학상담의 특징: 자기인식, 자기수용, 자기적용, 자기실현
              창의적, 적극적, 자기주도적 상담(결과물 창출)
              나다운 나를 구축

 **정리**

　8명의 참석자 모두 인문상담, 문학상담에 대하여 생각하고 있는 바를 말하고 나누면서 좋은 시간을 가졌다.

　한국상담대학원대학교의 특수 교육목표인 '인문상담/철학상담, 문학상담'에 대한 관심과 열정이 있으나 진로에 대한 보장이 없으므로 토론은 토론으로만 그치는 분위기도 있었다.

　그러나 인문상담이 기존의 상담보다 넓고 깊게, 입체적으로 내담자를 이해할 수 있는 가능성이 있다는 데에는 모두 공감하였다. '삶 속의 상담, 상담 안의 삶'에 대해서 관심이 많았다.

　공동작업으로 조선일보 2025 신춘문예 동화 당선작인 김은희의 "내 꿈은 빈칸"을 읽고 문학상담 집단상담 프로그램을 작성하는 미니 실습을 하였으며, 참가자 전원이 창의적인 작업이었다고 술회했다.

> 라운드 테이블 #2
> '인문상담, 문학상담'을 실현하고, 평가하다

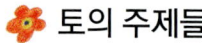 토의 주제들

1. 인문학의 핵심 개념

- 인문학: 삶의 본질을 연구하는 학문
- 나다움, 인간다움의 본질 탐색
- 삶: 유한성, 가능성, 가변성, 고유성

2. 상담학의 핵심 개념

- 상담학: 삶의 본질을 실행하는 방법을 연구하는 학문
- 나다움, 인간다움의 실현 탐색(다학제적 접근)

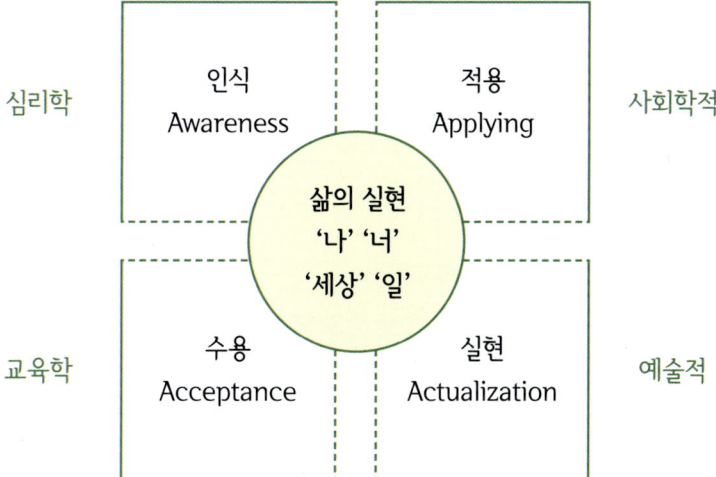

3. 삶의 주기와 상담(인문상담): Born, Being, Becoming, Living

○ **Born-a-human**
  삶(태어남)
  '나' 만들기: 소망, 창조
  청소년기(15세경까지)

○ **Being a human**
  살림(자라남)
  '나' 키우기: 열정, 포부
  청년기(30세부터)

○ **Becoming myself**
  사람(지켜감)
  '나' 지키기: 근면, 성실
  중년기(40세부터)

○ **Living myself**
  나다움(나타남)
  '나' 다듬기: 겸손, 통합
  노년기(65세부터)

4. 인문상담, 문학상담의 개념과 구조

〈인문상담〉
- 철학, 문학 등 인문학의 지식을 상담에 활용하여 내담자의 삶의 의미와 정체성 탐구를 돕는 상담 접근이다.
- 철학적 대화나 문학적 은유를 통해 내담자의 자기 경험에 있어서 새로운 이해와 의미 재구성에 도움을 준다.
- 과거부터 내러티브 치료, 독서치료(비블리오테라피), 철학적 상담 등의 형태로 존재하였다.
- 핵심 목표는 단순한 증상 완화가 아닌 내담자의 삶의 통합적 이해와 성찰이다.
- 인간다움에 대한 이해를 바탕으로 한다는 점에서 기술 중심 시대에 특히 중요하다.
- 상담의 일상생활화, 일상생활의 상담화를 기대할 수 있는 창의적이고 자발적인 상담의 한 방법으로 발전 가능하다.

〈문학상담〉
- 언어예술인 문학활동(읽기 · 쓰기)과 언어를 도구로 하는 상담활동(말하기 · 듣기)을 활용하여 다양한 삶의 양상을 이해하고 분석

하여 '자기다움' '나다움'을 탐색하는 상담 형태이다.
- 문학활동:
  - 읽기 · 쓰기

    내담자의 자기표현: 문학작품 활용

    내담자의 자기성찰과 성장: 자기 작품
  - 문학작품(이미 출판된 다양한 장르의 문학작품, 또는 자기 이야기)을 통한 읽기 · 쓰기
  - 문학작품의 창조, 분석, 비평은 아님: 문학활동을 통한 자기인식 · 수용 · 적용 · 실현을 목표로 함
- 상담활동: 상담자와 내담자의 상담적 공간(절대 신뢰)에서 문학활동이 상담활동의 핵심인 경청 · 공감각적 이해 · 인문학적 격려 등을 실행한다.
- 개인의 정체성: 이야기로 구성된 정체성(narrative identity)
- 우회적으로 접근할 수 있는 은유와 상징을 제공한다.
- 심리상담(치료)과 구분되는 별도의 상담분야로 간주된다.
- 상담의 일상생활화, 일상생활의 상담화를 기대할 수 있는 창의적이고 자발적인 상담의 한 방법으로 발전 가능하다.

〈인문상담, 철학상담, 문학상담의 밀접성〉
- 인문상담은 철학상담과 문학상담을 포괄하는 상위 범주이다.
- 모든 인문상담의 공통점은 인간 삶의 의미 탐구(경험의 재경험, 해석의 재해석)이다.
- 철학상담의 접근: 논리적·윤리적 개념 탐색을 통해 의미와 인식을 찾는다.
- 문학상담의 접근: 이야기와 은유를 통해 의미와 인식을 재구성한다.
- 모두 인간의 언어와 상상력을 도구로 사용한다.

지금까지 살펴본 내용을 도식화하면 다음과 같다.

```
┌─────────────┐          ┌─────────────┐
│   인문학    │          │   상담학    │
│ 인간의 삶을 │          │ 인간의 삶을 │
│ 연구하는 학문│         │ 실현하는 방법을│
│             │          │ 연구하는 학문│
└─────────────┘          └─────────────┘
```

인문상담학
인간의 삶을 연구, 실현하도록 도와주는 과정(활동)

철학상담	문학상담
철학적으로 하는 인문상담	문학적으로 하는 인문상담

'자기다움' '나다움'의 실현
창의적이고 적극적인 삶의 실천

 정리

두 번째 모임에는 12명이 참석하였고, 첫 번째 모임과 같은 분위기로 토의 주제에 대해서 모두 공감했다.

조연경 작가의 수필 "내가 나로 사는 시간"을 읽고 문학상담 프로그램을 작성하는 시간을 가졌다. 문학상담은 역시 적극적이고 창의적인 상담의 방법이라는 데에 참가자 전원이 동의했다.

앞으로 라운드 테이블식의 토론 기회를 많이 마련해서 '상담의 일상생활화, 일상생활 속의 상담정신'을 확산시킬 수 있기를 소망한다.

Life in Counseling,
   Counseling for Life

Part 3

삶 속의 상담,
　　상담 안의 삶

상담, 인문상담, 문학상담을
잠언(箴言)처럼 쓰다

『삶 속의 상담, 상담 안의 삶』이라는 제목으로 쓴 글을 다음과 같이 간단히 정리한다.

1. 상담은 나의 일상생활을 긍정적으로 이끌어 주는 나의 내재된 삶의 존재방식이며 나의 일상생활을 덕스럽게 이끌어주는 나의 외현적 삶의 표현방식이다.
2. 상담은 '나'의 '나되기'를 도와주는 전문적인 다학제적 도움 과정이다.
3. 상담과 인문상담과 문학상담의 최종, 최고의 목표는 '나다운 나' '인간다운 나'로 성장해서 '내가 바라는 삶' '내가 보람을 느끼면서 사는 삶'을 살아가도록 도와주는 데에 있다.
4. 상담은 단순한 기술적 개입이나 문제 해결의 도구가 아니라, '삶' '사람' 그리고 '나'에 대한 사랑을 바탕으로, 상담자와 내담자(치료자와 환자) 사이의 진정성 있는 인간적 참 만남을 통해 삶의 의미를 함께 찾아가는 여정이다.
5. 상담은 삶을 사랑하는 과정이다. 모든 삶은 아름답고 가치 있으며 소중하고 존중받아야 하며 넓고 깊고 높은 곳을 향하여 가는 유한한 실체이다.

원고를 마무리하며 상담과 인문상담, 문학상담을 통해 얻은 깨달음들을 잠언(箴言)처럼 짧은 50개의 구절로 써 본다. 때때로 중복되는 내용들도 있을 것이고, 50이라는 숫자와 배열 순서에 별다른 의미는 없다.

1

상담은 삶을 사랑하는 학문이다. 나는 그 학문을 사랑하면서 살아오고 있다.

지난 50여 년 동안 나는 '로맨틱 카운슬러'로, '감격시대'라는 별명을 가진 상담교수로, '무전략이 전략인 상담행정가'로 살아오고 있다.

2

나는 상담과 인문상담과 문학상담에 대해 항상 생각(常念)하면서 그 여러 생각(想念)이 좋은 생각(尙念)으로 영글어가기를 소망한다.

상담은 나의 일상생활을 성숙한 방향으로 이끌어 주는 내 삶의 원동력, 인문상담은 나의 생각을 덕스러운 방향으로 인도하는 안내자, 문학은 나의 일상생활에 빛을 주는 예술이다. 상담이 문학을 만나고 문학이 상담을 만나서 문학상담의 새로운 지평이 열리기를 희망한다.

3

상담은 부드럽고 진지하게 인간의 참 본성을 찾아가는 성실한 과정. 고귀한 품성을 가진 건강한 개인으로 성숙할 수 있도록 힘과 용기를 주는 학문.

상담은 '상담자와 내담자'라는 두 사람의 독립된 세계가 만나서 이루어지는 변화와 성장의 과정이다. 그 세계에서 수용과 신뢰와 공감과 진정성과 한결같음으로 진정한 내가 진정한 나를 만나는 공간이다.

4

상담은 나를 성찰하고 너를 이해하고 세상을 수용하면서 자신답게 살 수 있도록 전문적으로 도와주는 과정이다.

상담은 나와 너와 세상의 마음을 알아가는, 마음을 읽는 마음을 키워가는 과정이다.

5

상담은 인간이 '자기다운 삶'을 찾도록 인간을 심리학적으로 이해하고, 교육학적으로 교육하고, 사회학적으로 성숙하고, 예술적으로 표현하도록 도와주는 융합학문이다.

'자기다운 삶'의 뜻은 나와 너의 세상을 이해하고 수용하고 성장하면서 자신답게 살아가는 '책임지는 삶'이라고 나는 생각한다. 자기다운 삶을 자기가 선택하게 도와주는 것이 상담이다.

6

상담은 삶 속의 사람을 찾아가는 여정이다. '삶'이라는 글자 속에는 '사람'이 들어 있다. '삶' 속에 응축되어 있는 예측불허의 신비한 '가능성'을 발견하고 키워가면서 단 하나의 독특하고, 창의적인 '사람'으로 변화하고 성장하도록 도와주는 학문이다.

삶의 여정은 곧 상담의 과정이다.

매일매일의 생활현장(Here and Now)에서의 상담, 곧 일상생활을 위한 상담(Counseling for Everyday Life)을 위한 연구가 필요할 것이다.

7

나의 상담 인생 50여 년은, 상담자로보다는 상담교육자로 살아왔다. 직접 상담하는 역할보다는 상담을 가르치는 교수로 상담자를 교육하는 교육자 역할을 해오고 있다.

상담은 심리적 조력활동이면서 교육적 주력활동이다.

나에게 있어서 상담은 개인의 잠재능력을 키우고 진정한 자기 자신을 찾기 위한 심리적이고 교육적인 조력활동이다.

8

내담자는 '되고 싶은 자기'가 되어서 '하고 싶은 일'을 '제대로 하고자 하는' '고뇌하며 성장하는' 개인이다. 상담자는 삶에서 좌절하고 상처받은 내담자가 보지 못하는 것을 보도록, 듣지 못하는 것을 듣도록, 하지 못하는 것을 하도록 힘과 용기를 주는 촉매자와 격려자의 역할을 한다.

9

상담은 강력한 힘은 없으나 조용하고 평화롭게 인간의 내면에 있는 착하고 아름다운 본성을 찾아 지키고 키워가는 과정이다. 효과는 느리고 결과가 성공적이라고 장담하기 어려울 수도 있지만 내담자가 고귀한 품성을 가진 건강한 개인으로 성숙할 수 있도록 힘과 용기를 주는 활동이다.

10

상담의 대화는 정서적으로 편안하고 유쾌한 대화, 인지적으로 깨달음이 있는 대화, 교육적으로 배움이 있는 대화이다.

11

상담은 짧은 말(잃어버리고 있었던 자신의 말) 속에 담긴 긴 이야기(잃어버리고 있었던 자신의 이야기)를 읽어내고 이해하고 수용하고 변화하도록 도와주는 전문적인 과정이다.

12

문학상담은 문학적 특성을 살려서 문학적으로 하는 상담이다.
문학상담은 다양한 문학활동(언어활동, 교육활동, 치유활동)을 활용하여 지속적인 실존적 문제를 탐색하면서 변화와 성장에 목표를 두기 때문에 나는 이 활동을 '문학치료'보다는 '문학상담'이라고 한다.

13

문학상담은 문학활동과 상담활동을 통해 '마음을 읽는 마음'을 키워주면서 '마음속에 응고되어 있는 하고 싶은 말'을 표현할 수 있도록 도와주는 과정이다.

14

문학상담은 상담활동(자기탐색, 인식, 수용, 적용, 실현)과 문학교육(자기표현력, 통찰력 함양)이 융합하는 상담이다.

문학상담에서 문학적 텍스트(문학작품이나 자신이 쓴 여러 형태의 글, 그 이외의 자료)를 읽고, 쓰고, 듣고, 말하는 문학의 다양한 활동을 활용하여 상담적 경험(경험, 공감, 성찰, 수용)을 할 수 있다.

15

문학상담은 상담과 문학의 만남.
상담은 문학을 만나 경험의 재경험, 의미의 재해석을 경험할 수 있고,
문학은 상담을 만나 삶의 현실과 더욱 밀접하게 소통할 수 있다.

16

문학상담으로 '나의 삶'을 설계하고 싶다.
부드럽게 그리고 강하게
당당하게 그리고 너그럽게
냉정하게 그리고 용기 있게
우아하게 그리고 담담하게

17

문학상담을 통해 한 인간의 자기 서사가 재구성되며 자기 내부에 응축되어 있는 잠재능력을 실현하는 과정을 시도할 수 있다. 문학의 언어활동(말하기, 듣기, 읽기, 쓰기)과 문학의 교육활동(표현력, 통찰력 함양)을 활용하여 자기의 생각과 느낌을 정확하고 다양하고 자유롭게 표현할 수 있도록 도와준다.

18

'나'와 '너' 그리고 '우리'들이 매일매일 마음속에 숨겨진 보물을 찾아낼 수 있다면 우리들의 삶은 얼마나 귀하고 가치 있는 여정일까.
'나'와 '너' 그리고 '우리'들이 매일매일 서로서로 성장과 소통을 실현할 수 있다면 이 세상은 얼마나 즐겁고 아름다운 광장일까.
나는 상담정신 가득한 아름다운 세상을 꿈꾼다.
경청, 이해, 배려, 수용, 격려, 성장, 변화 등의 아름다운 말로 이루어지는 로맨틱 카운슬링!
로맨틱 카운슬링을 이끌어가는 원더풀 카운슬러!
이런 꿈을 꿀 때마다 나는 행복하다.

19

상담의 정신은 내 마음이 힘을 잃었을 때, 약해졌을 때, 게을러졌을 때, 나를 격려하며 권계해 주었다.

나를 오래 참고 기다려 준 것은 경이롭고 멋진 상담자의 말이었다.

20

내가 상담과 인문상담과 문학상담을 사랑하는 이유는 상담과 문학상담은 조용하고 평화롭게 인간의 내면에 축적되어 있는 착하고 아름다운 본성을 지키고 키워가려고 노력하기 때문이다. 전략적인 방법이 아니라 이해하고 포용하고 공감하면서 섬세하고 성실하게 '마음을 읽는 마음'을 가다듬기 위해 최선을 다하기 때문이다.

21

상담과 인문상담과 문학상담은 자신의 됨됨이를 인정하고 스스로 자기다운 꿈을 펼쳐나가려는 사람들의 상처받은 이야기를 조용하고 세심하게 들어주고 이해하고 격려하고,
새로운 삶의 길을 모색할 수 있도록 도와준다.

22

상담 원로인 나는 때때로 '뿌리와 날개'에 대해 생각한다.
우리는 우리가 교육하는 대상들(학생, 학부모 등)에게 '뿌리'는 심어 주지도, 보살펴 주지도 않으면서 위로 날아오르는 '날개'만 달아주려고 노력하는 것이 아닐까? 그래서 어린이는 어쩌다가 영악한 어른이 되었고 어른은 미숙한 어린이 상태에 머물게 된 것이 아닐까?

23
인문상담학은 개인이 일상생활 속에서 실사구시(實事求是)의 방법으로 변화와 성장을 목표로 자유롭고 창의적인 삶을 살아가도록 도와주는 상담이다.

24
인문상담학의 주제는 인간과 인간관계
주인공은 인간
과정은 이해와 수용
목표는 변화와 성장
그러므로 나는 좀 더 나 자신으로 될 수 있다.

25

인문상담학의 목표는
좋은 삶을 사는 개인을 양성하는 데에 있다.
좋은 삶은 '자기다운 삶'을 '책임지는 삶'이다.
나는 내 삶 속의 '사람'이 되고 싶다. 나는 사람과 사물을 있는 그대로 따뜻하게 보고 싶다. 나는 내가 책임질 수 있는 삶을 살고 싶다. 내가 하는 일, 해야 하는 일, 하고 싶은 일에 최선을 다하고 싶다.
이런 내가 사는 곳이 나의 상담세상이다. 낭만적이고 멋지고 경이로운 상담자(Romantic Counseling, Wonderful Counselor)가 되는 것은 이룰 수 없는 나의 영원한 꿈이다.

26

상담은 특별한 단어는 아니지만 나에게는 특별하다. 나의 생활에 빛을 주고 힘과 용기를 주기 때문이다. 어려운 언어로 상담을 공부하느라 나의 자존감이 바닥이었을 때 나 자신을 지켜준 것은 상담의 정신이었고 나에게 용기와 빛을 준 것은 상담의 힘이었다.
상담의 언어는 보이지 않는 매혹적인 힘으로 나에게 힘을 주고 용기를 주었다. 그것은 신뢰와 이해와 포용의 힘이었다.

27
相談은 傷談과 詳談하면서 尙談으로 승화되기를…

相談은 傷談(상처받은 이야기)을 詳談(경청하면서 이야기)하면서 尙談(좋은 이야기: 품격과 존엄을 지키는 자기인식)으로 실행되기를 지향한다.

28
상담은 자기표현, 자기성숙의 과정이며,
인생은 자기를 표현하는(공개하는) 예술이다.
나는 그 요소를 4A로 묘사한다.

Self − Awakeness (자기인식)

    Acceptance (자기수용)

    Applying (자기적용)

    Actualization (자기실현)

인생은 스스로 성숙해 가는 과정이다.

29

인문학은 인간이 인간답게 사는 길을 연구하는 학문
상담학은 인간이 인간답게 살 수 있도록 도와주는 학문
상담은 삶 속의 삶을 찾아가는 여정

30

"상담의 근본은 인문학이다."
이 개념을 좀 더 적극적으로 실현해 보려는 시도가 인문상담학이다.
인간에 대한 인문학적이고 입체적인 이해를 깊이 공부한 상담자가
더 바람직한 상담을 할 수 있을 것임은 너무나 당연한 일이다.

31

知音과 함께하는 문학상담 콘서트

"상담, 문학을 만나다"에서는 내가 모르는 사람들의 삶을 통해 내 삶을 이해한다.

"문학, 상담을 만나다"에서는 삶과 현실과 더욱 밀접한 소통을 한다.

상담 안에 문학이 있고 문학 안에 상담이 있다.

32

문학상담에서 중요한 핵심은 '글쓰기'이다.

글은 왜 쓰는가?

자기를 괴롭히는 모든 것으로부터 자기를 해방시키기 위해서이다.

글은 한 자 한 자, 한 단어 한 단어씩 쓰면서 문장을 완성한다.

그 과정에 몰입하면서 자기를 돌아보고 자기를 인식하고 변화하고 성장한다.

글이 가진 놀라운 힘을 상담의 과정에서 활용한다.

이것이 문학상담이다.

33

상담자는 내담자가 자기 집에 있으나 한 번도 들어가 보지 못한
방문을 열어 보게 하고 갇혀 있는 날개를 발견하게 하는
동행자이며 격려자의 역할을 하는
'성장하는 개인'이다.

34

내가 상담과 문학상담을 '내 상담 인생의 초석'이라고 하는 이유는
상담이 '인간의 마음을 읽는 마음'을 키워주는 활동이고
문학상담은 '내가 나의 마음을 가다듬는 마음'을 키워주는 훈련이라
고 믿기 때문이다.

35

상담은 사실(fact)에 그치는 것이 아니라 과정(process)으로 이어진다. 상담의 과정은 상처받았던 경험을 재경험하고 그 의미를 재해석하면서 마음이 변하고 자라도록 이끌어 주는 과정이다.

36

상담은
삶의 본질을 사랑하는 학문이다.
삶의 의미를 찾아가는 여정이다.
삶의 방식을 가다듬는 노력이다.

37

삶의 본질은 사람과 일에 대한 사랑과 열정이다.

삶의 의미는 '나'와 '너'와 '세상'과 '일'을 인식하고 수용하고 적용하고 실현하는 것이다.

삶의 방식은 '나답게 사는 길'을 다듬어가는 것이다.

38

인간이 지켜야 할 본성은 인간의 기본 덕목이며,

인간이 발전시켜야 할 본성은 인간의 잠재능력이다.

39

문학상담에서의 중요한 활동은 '글쓰기'이다.
글은 왜 쓰는가?
자기를 해방시키기 위해서.
자기를 인식하고 변화시키기 위해서.

40

상담은 삶을 사랑하는 학문이다.
상담학자로, 상담교육자로, 상담행정가로 살고 있는 나는
모든 사람과 사물을 따뜻하게 바라보고 인식하면서
각각의 존재가치를 믿고 존중하는 태도를 가지려고 노력한다.
이것이 삶을 사랑하는 상담이라는 학문이 내게 준 선물이다.

41

상담과 문학상담을 배우고 가르치면서 나는
나의 마음을 나의 눈으로 보고 나의 말로 표현하려고 노력한다.
그리고 나의 느낌과 생각을 적극적으로 신중하게 표현하려고 노력한다.
그렇게 해서 건강한 성격이 자라고 건강한 세상이 이루어질 것이라는 희망을 가지고 살아가고 있다.

42

〈책임지는 나의 삶〉
80대의 중반에 들어서서 나는 나의 言行(말과 행동)을 부드럽고 강하고, 당당하고 너그럽게, 냉정하고 용기 있게, 우아하고 담담하게 하려고 노력하면서 살아간다.

43
나는 내 인생의 귀한 손님

두려움이라는 말 대신 사랑이라는 이름으로

칭찬과 예의 속으로 순간순간을 살아내는 존재이고 싶다.

44
상담은 인간능력의 무한한 깊이와 넓이와 높이를 존중하고 사랑하며

지향하는 성실한 노력이다.

45

상담 인생 50여 년을 정리하면서 나는
상담은 낭만적인(romantic) 과정이어야 하고
상담자는 감동적(wonderful)이어야 하고
내담자는 행복한(happy) 희망을 가져야 할 것이라고 확신하게 되었다.

46

내담자는 '되고 싶은 자기'가 되어서
      '하고 싶은 일'을
      '제대로 하고자 하는'
      '고뇌하며 성장하는' 개인이다.
상담자는 삶에서 좌절하고 상처받은 마음에
      힘과 용기를 주는
      '동행자' '격려자' '촉매자'의 역할을 하는 전문가이다.

47

'문학상담'에서 주어는 '상담'이므로
문학비평이나 작품의 분석 또는 평가나 창작하는 활동보다는
자신의 생각이나 느낌의
표현력이나 통찰력 함양에 집중해야 한다.

48

상담자의 말(TALK)은

Truth(진실)

Authenticity(순수)

Love(사랑)

Kindness(친절)

내담자가 받는 도움(HELP)은

Hope(희망)

Encouragement(격려)

Liberty(자유)

Peace(평화)

49

상담과 문학상담의 주제는
'나 자신이고 싶어라.'
'나는 좀 더 나 자신일 필요가 있다.'

상담과 문학상담의 핵심은
'마음을 읽는 마음'을
넓고 깊게, 바르고 당당하게
'찾아서 키워주기'

50

인문상담의 목표는
좋은 삶을 사는 개인으로 키워주는 데에 있다.
좋은 삶은 '자기다운 삶'을 '책임지는 삶'이다.

⋯

상담과 인문상담과 문학상담에 심취한 나의 꿈은 '아름답게 살고 우아하게 죽는 것(Live Beautifully, Die Elegantly)'이다.
그 밝혀지지 않은 길을 찾아 매일매일 노력하는 것이 나의 '삶 속의 상담, 상담 안의 삶'이다.

저자 소개

이혜성(Lee, Hie Sung)

서울대학교 사범대학 졸업
버지니아대학교 교육학 박사(상담자교육 전공)
전) 서울여자대학교, 이화여자대학교 교수
　　한국청소년상담원 원장
현) 한국상담대학원대학교 총장
　　이화여자대학교 명예교수

〈저서〉
여성상담
삶·사람·상담
사랑하자 그러므로 사랑하자
아름다움은 영원한 기쁨이어라
문학상담
내 삶의 네 기둥

〈역서(어빈 얄롬 박사의 저서들)〉
쇼펜하우어, 집단심리치료
폴라와의 여행: 삶과 죽음, 그 실존적 고뇌에 관한 심리치료 이야기
카우치에 누워서
매일 조금 더 가까이
보다 냉정하게 보다 용기있게
어빈 D. 얄롬의 심리치료와 인간의 조건
스피노자 프로블럼
삶과 죽음 사이에 서서
비커밍 마이셀프
얄롬 박사 부부의 마지막 일상: 죽음과 삶
마음의 시간

삶 속의 상담
상담 안의 삶
-상담, 인문상담, 문학상담의 핵심과 실제-
Life in Counseling, Counseling for Life

2025년 9월 5일 1판 1쇄 인쇄
2025년 9월 10일 1판 1쇄 발행

지은이 • 이혜성
펴낸이 • 김진환
펴낸곳 • ㈜**학지사**

04031 서울특별시 마포구 양화로 15길 20 마인드월드빌딩
대표전화 • 02-330-5114 팩스 • 02-324-2345
등록번호 • 제313-2006-000265호

홈페이지 • http://www.hakjisa.co.kr
인스타그램 • https://www.instagram.com/hakjisabook

ISBN 978-89-997-3485-4 03180

정가 17,000원

저자와의 협약으로 인지는 생략합니다.
파본은 구입처에서 교환해 드립니다.

이 책을 무단으로 전재하거나 복제할 경우 저작권법에 따라 처벌을 받게 됩니다.

출판미디어기업 **학지사**

간호보건의학출판 **학지사메디컬** www.hakjisamd.co.kr
심리검사연구소 **인싸이트** www.inpsyt.co.kr
학술논문서비스 **뉴논문** www.newnonmun.com
교육연수원 **카운피아** www.counpia.com
대학교재전자책플랫폼 **캠퍼스북** www.campusbook.co.kr